ウェルビーイング経営のすすめ

THE STRONGEST ORGANIZATIONS ARE CREATED BY
WELL-BEING EMPLOYEES

株式会社ＰＨＯＮＥ ＡＰＰＬＩ出版プロジェクトチーム 著

CROSSMEDIA PUBLISHING

最強の組織は幸せな社員がつくる

はじめに

私たちPHONE APPLIは、働き方をアップデートし、みなさんがいきいきと働ける環境づくりを支援するサービスを提供しています。

近年、「ウェルビーイング」の考え方が注目されています。身体的・精神的・社会的に健康であり、自分の「幸福」を実感できる働き方。それが価値ある商品やサービスを生み出すクリエイティビティの源泉になる、という考え方です。

本書を手に取ってくださったみなさんの職場では、例えばこんな課題を抱えていないでしょうか。

・人材が足りない……
・採用しても定着しない……
・従業員のモチベーションが下がっている……
・自発的な人材やリーダー候補を育成できない……

・テレワークで人間関係が希薄になっており、マネージャーの負担が増えている……
・新しい収益の柱になる製品やサービスが出てこない……

こうした課題を解決するのが、本書で解説する「ウェルビーイング経営」です。私たちの会社で取り組みを続け、実証を重ねた上で、多くの企業にご紹介しています。

では、ウェルビーイング経営とはどんなものなのか。

今回、そのノウハウをより多くの人に届けたいと、書籍の出版を決めました。働く上での幸福感は、「人間関係」によるところが大きい。ならば、ウェルビーイング経営においても人間関係は重要な要素であり、人間関係を構築するコミュニケーションを良質なものにすることが重要です。本書で解説する取り組みは、すべてそこに集約されます。

詳しくは本文でお話ししていきますが、イメージしやすいように、まずは簡単に説明します。本書で取り上げるのは、主に次の7つです。

①「幸せの形」を可視化する幸福度アンケート

従業員のエンゲージメントやモチベーションの向上を経営方針に掲げる企業が増え、従業員満足度調査やモチベーションの調査など、従業員に対してアンケート方式で回答してもらう調査は数多く存在します。しかし、結果を前に立ちすくみ、どうすればいいか悩んでいる企業も少なくありません。私たちが実施している「幸せの形」を可視化する幸福度アンケートは従業員が無理なく定期的に続けることができ、取り組むだけで幸福度が増していくものです。

②個人の成長と会社の成長を直結させる目標設定方法

自分の仕事が会社の成長に貢献している、社会への価値を生み出しているという実感は、働きがいをつくる上で大事な要素です。しかし、自分の仕事が会社の中でどんな立ち位置にあるのかは、なかなか見えづらいものです。従業員の目標をチームの、そして会社全体の目標と接続させる目標設定方法を考えます。

③上司と部下の間に信頼関係をつくるWeekly 1on1

現在は社会の移り変わりが激しく、企業はちょっとした変化に気付き、対応することを余儀なくされています。そうした変化に社内の誰かが気付き、その気付きが経営層を含め社内に共有されていくには、どんなことでもすぐに言い合える関係性が大事です。上司と部下の1on1ミーティングを通して、信頼関係を構築します。

④シームレスなコミュニケーションを実現するシステム

現在は在宅やオフィス以外の場所で仕事をするリモートワークや、会社でも個人のデスクの位置を固定しないフリーアドレスの会社が増えています。しかし、そうすると連絡を取りたい相手がどこにいるのか、どんなツールで連絡をすればいいか迷うことがあります。コミュニケーションを取りたい人がどこにいて、どんな方法で連絡を取ればいいか、すぐにわかるシステムについて紹介します。

⑤自分を知ってもらい、相手を知ることのできる自己開示の文化

初対面の相手や、相手のことをほとんど知らないような場合、その人の考えていることがわからないと、疑心暗鬼になってしまいます。相手に不安を感じると、チームのみんなで走っていくことができません。信頼関係には段階があり、それを一つずつ登っていく必

要があります。自分を知ってもらい、相手を知ることで、コミュニケーションの入り口をつくります。

⑥社内に「ありがとう」が飛び交う仕組み

ウェルビーイングを考える上で、「感謝」は外せないキーワードです。しかし、仕事の中では、なかなか感謝を伝えられないのも事実です。ちょっとした「ありがとう」を、いつでも誰にでも、簡単に送れる仕組みを紹介します。そこから、相手に対する理解やチームワークも生まれていきます。

⑦従業員が行きたくなるオフィス

最近では、リモートワークの割合が増えてきています。メリットの多い働き方ですが、同時にコミュニケーション不足が生まれる原因になっています。新しいアイデアは、人と人との結合から生まれます。「会社に行こう」と思えるようなオフィスの環境設計について考えます。

以上の7つが、本書でお話しする主なトピックです。「ウェルビーイング経営」とは、文字通り「経営手法」です。単に「従業員のために」を考える取り組みではありません。社会に貢献できる価値を生み出し、お客様の満足を実現し、その対価として、利益や売り上げを上げるために必要なものです。

私たちの会社では、自社内でウェルビーイング経営を実践するのと同時に、お客様企業に対してもウェルビーイング経営の支援を行っており、その効果を強く実感しています。

これまでにお取引させていただいたクライアントは3600社、ユーザーは200万名、当社の従業員数は300名、売り上げは2019年の17億円から、2022年には33億円まで成長できました。

こうした成果を出せているのは、従業員のみんなのお陰です。そして、従業員が頑張ってくれる理由の大きな部分が、ウェルビーイング経営にあると考えています。

・新しく入った人材が、どんどん活躍していく
・社内から、思わぬアイデアが生まれる

・チームで目標を共有し、みんなで達成し、喜び合うことができる
・従業員それぞれが、仕事だけでなくプライベートでも幸せを感じている
・何より、オフィスの中はいつも明るい雰囲気で、みんなの笑顔があふれている

そんな会社をつくるため、本書がお役に立てれば幸いです。

第4章

カバーデザイン　都井美穂子
本文デザイン・ＤＴＰ　石澤義裕
校正　株式会社ＲＵＨＩＡ

第1章

ウェルビーイング経営とは

THE STRONGEST ORGANIZATIONS ARE CREATED BY WELL-BEING EMPLOYEES

従業員への奉仕ではなく「経営手法」

経営という視点で考えたとき、従業員の健康が損なわれることで企業にも損失が生まれます。どんな企業であっても、従業員が「プレゼンティズム（心身の健康上の問題でパフォーマンスが上がらないこと）」や「アブセンティズム（心身の体調不良による遅刻や早退、欠勤など）」といわれる状態になる影響は、無視できない大きさでしょう。

そうした面から、私たちの会社ではウェルビーイング経営に取り組む前から「健康経営」を実践していました。健康診断の受診を徹底し、その結果でハイリスクと認められた対象者にアプローチをしていく。従業員の健康の維持増進を個人任せにせず、企業が責任を持って取り組むというものです。

しかし、身体的に健康であったとしても、精神的・社会的に健康でなければパフォーマンスは出せません。さらに、精神的・社会的に良い状態でなければ、いずれ身体的な健康も損なわれていくのです。

そこで、健康経営を実践してから2年ほど経ったとき、さらに発展させる形でウェルビーイング経営を始めました。

ウェルビーイング経営とは、組織の業績向上と従業員のウェルビーイングの両立を目指す経営のことです。従業員全員の心身の健康と、他人や社会と良い関係を築く社会的健康を増進し、組織全体の生産性向上につなげることを目的としています。健康経営は「守り」重視のマネジメント、ウェルビーイング経営は「攻め」重視のマネジメントともいえます。

従業員がウェルビーイングを実現するためには、自分たちで健康を維持・向上させる意識とスキル、さらには、働きがいをもって働くことができる自己管理能力も重要です。つまり、ウェルビーイング経営に取り組むことによって、従業員の成長と組織の成長を結び付けることができるのです。

過去の成功体験は通じなくなっている

ウェルビーイング経営は、従業員が幸せになり、成長し、そのことで企業も成長するためのものです。しかし、多くの企業はこの重要性に気付いていません。

その理由は、過去の成功体験に縛られていることにあるでしょう。「従業員の幸せなんか考えなくても、これまで通りやれば売り上げは上がる」という考え方です。

かつての高度経済成長期と呼ばれる時代には、給料は年々増え、投資などしなくても、貯金をしていたらお金は増えていきました。社会がどんどん豊かになっていき、自分自身も普通に暮らしているだけで豊かになっていく。そうした社会で若い年齢を過ごした人たちが、いまのシニア世代になっています。

しかし、いまは昔と同じようにはいかなくなっています。良くなっていくどころか、少し気を抜けば一気に転落してしまう。それなのに、まだ昔の価値観から着替えることができていないのだと思います。

ただし、歴史のある会社だからといって必ずしもそうだとは限りません。

例えば、リコーでは、1946年に創業者である市村清氏が「三愛精神」を提唱しています。事業・仕事を通じて、自分、家族、顧客、関係者、社会のすべてを豊かにすることを目指した考えで、リコーグループの全従業員が、経営や仕事を行う上で原点となるものとされています（リコーグループ公式ウェブサイトより）。

「ウェルビーイング」という言葉ではないけれど、従業員を大切にすることで企業を成長させようという考え方は、昔からあったわけです。

リコー人事部人事室長　長久良子氏

リコーの創業者である市村清が提唱した三愛精神は創業から80年以上経ったいまでもリコーグループのDNAであり、海外でも「Three Loves」として浸透しています。三愛精神の「人」は英語では「Neighbor」と訳されていて、従業員だけでなく家族や周りの人すべてを意味しています。リコーではウェルビーイングという言葉は使っていませんが、三愛精神の考え方こそ真のウェルビーイング経営の基礎といえるのではと感じています。

リコーは2020年にOAメーカーからデジタルサービスの会社への変革を宣言し、現在変革の真最中ですが、ビジネスの方向性が変わっても三愛精神は変わらずリコーの経営指針の土台です。これ無くして事業の変革も進化もありません。

プライオリティの問題もあるでしょう。従業員を大切にすることの重要さはわかっているけれど、経営的にそこまでの余裕がない。売り上げを最優先の目標に据えて、さまざまな施策を打っていく。その最後にウェルビーイングがあるといった感覚の企業が多いのかもしれません。

もちろん、企業にとって売り上げや利益は大変重要です。企業の存在意義は、世の中に新しい価値を提供し続けること。それが受け入れられて、売り上げや利益が生まれます。

ただし、昔はそのやり方が想像できていたけれど、現在はわかりづらくなっている。これからはいろいろなところにアンテナを張ることが必要で、そのために従業員の幸福についても考えなければいけなくなっているということでしょう。

変化の激しい時代に対応するために

小さな変化に気付ける組織を

これまで、企業に求められていた努力は同一方向でした。高機能な商品やサービスをたくさんつくって、たくさん売る。その過程を効率化して、コストを下げる。しかしこれからは、新しい対応が必要です。

現在は、「ＶＵＣＡ（Volatility：変動性、Uncertainty：不確実性、Complexity：複雑性、Ambiguity：曖昧性）の時代」と呼ばれるように、変化の激しい時代です。さまざまな場面で、これまでの常識が通用しなくなっています。

気候変動、頻発する災害、さらに新型コロナのような感染症の流行と、それによる人の行動の変容など、みなさん自身が「変化」を体感する出来事も多いでしょう。身の回りの直接的な変化だけでなく、世界の各所で発生している紛争は、政治・経済にも影響を与えています。また、AIやロボティクスの進歩は著しく、今後の経済、ひいては個々人の仕事に大きな影響を与えていくでしょう。

インターネットやSNSによって、情報は氾濫し、世界中が相互につながったグローバル化によって、政治、経済、個人の生活に至るまで、相互依存の関係が複雑に絡み合って、未来の予測が極めて難しくなっています。

私たちのビジネスでも、従来のやり方では成果は上がりづらくなっています。顧客に買ってもらえなくなるということもそうですし、新しい競争相手もたくさん生まれています。新しい会社が出てくるのはもちろんですが、いままでは競合だと捉えていなかった会社が競合になることもあります。

こうした状況で組織が持続的に成長していくためには、従業員一人ひとりがさまざまな変化に気付き、その気付きを組織全体が汲み取っていくことが必要です。

例えば、自社の商品について、これまでは聞いたことのなかったネガティブな評判を耳にすることがあるかもしれません。あるいはクライアントとトラブルになりそうな予兆、

■ 図1　VUCAとは

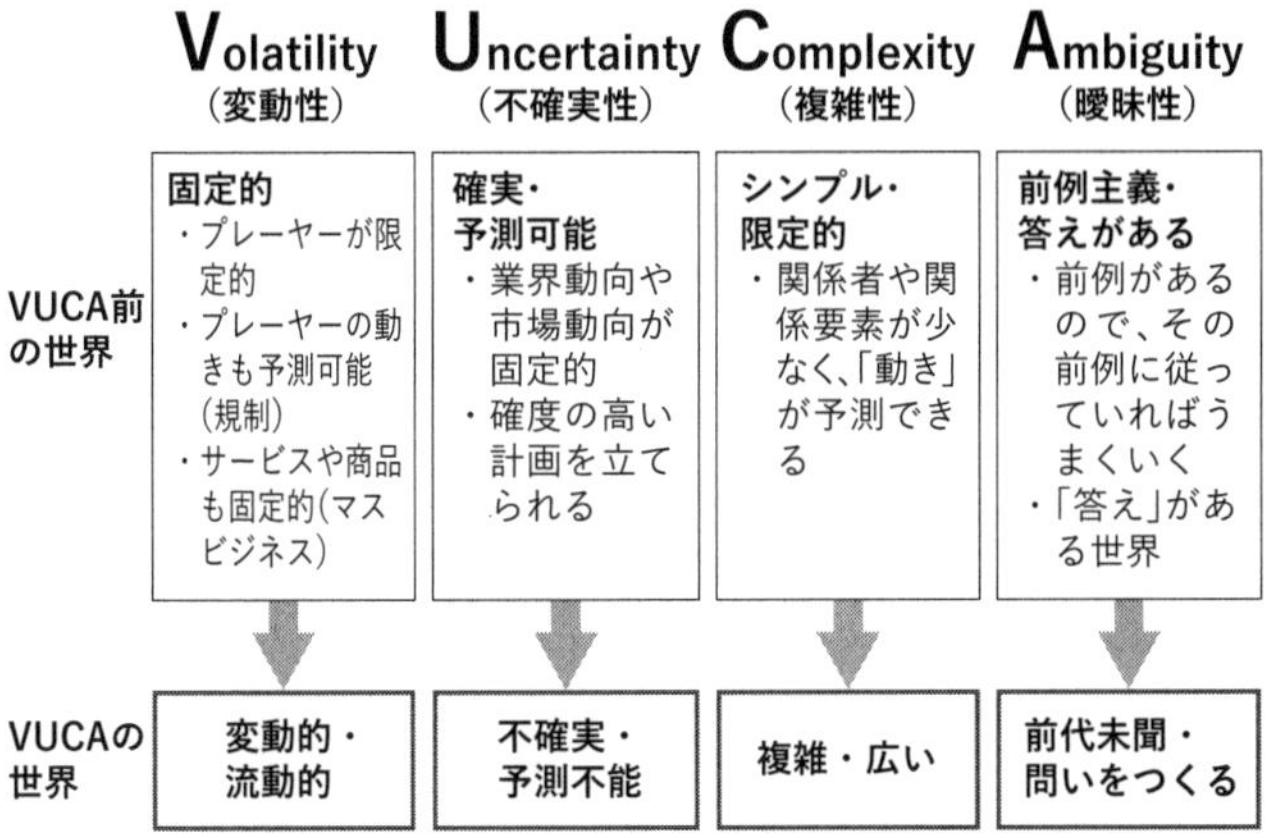

提案中の案件の芳しくない進捗報告などを聞くこともあるでしょう。こうした情報が現場から上がってこなければ、企業は対応できません。

一方で、ポジティブな変化もあります。いままで自社商品を「こう使ってください」と売っていたけれど、実は別の使い方をしているお客様が現れた。その使い方を広く発信すれば、もっと売り上げが上がる可能性もあります。

こうした変化について、ポジティブなものは比較的意見が上がってきますが、ネガティブなものは上がりづらいのが通常です。そこで大事になるのが、どんなことでも言い合える組織、つまり「心理的安全性」の高い組織であることです。同僚同士や、部下と上司がコミュニケーションしやすい環境が揃っているからこそ、意見交換が生まれ、経営層まで情報が届きます。

イノベーションやクリエイティビティは人と人との「結合」から生まれる

変化の激しい時代には、既成概念にとらわれない新しい発想が求められます。とはいえ、その発想を何もないところから生み出すことは天才や異端児と呼ばれる人たちの領域であり、難しく感じます。それよりも、もっと小さな、日常的な気付きをつなぎ、自らの変化や改善を絶えず行っていくことが重要です。

人々の購買行動の移り変わりや新しい流行など、小さな変化は至るところで起きています。それらを捉えなければ、現代の消費者に合ったビジネスはできません。この意味でも、従業員の意見がスムーズに経営層まで上がってくることが必要です。

それに、自分一人で一生懸命考えていても、アイデアには限界があります。上司・部下だけではなく、他部署の人や、他の役割の人とのコミュニケーションが、イノベーションを引き起こすクリエイティビティの源泉になります。

しかし、従来型の組織は、上司と部下といった縦のコミュニケーションをベースに成り立っています。「他部署と勝手に仕事をするな」「他の部の人に仕事を頼むときは部長を通せ」といわれる会社もあるのではないでしょうか。

そうではなく、自由にみんながコミュニケーションを取れるようになることが大切です。いろいろな人が出会い、偶然生まれたひらめきが組織としてのクリエイティビティを生みます。

「イノベーション」という言葉が日本に入ってきたとき、日本語訳は「新結合」とされていました。つまり、いままで接点のなかったモノとモノ、人と人が出会うことで、新しい価値が生み出されます。それまで深くコミュニケーションをとってこなかった人と人とがつながることで、イノベーティブな製品やサービスが生まれ、企業の新しい収益になっていくのです。

「ウェルビーイング」とは

「ウェルビーイング」とは何か

誰もが自由にコミュニケーションできるようになるためには、心理的安全性が高い組織でなければいけません。そして、高い心理的安全性を土台に、幸福感を得ながら働ける状態をつくるのが、本書のテーマである「ウェルビーイング経営」です。

１９８０年代以降、幸せな生き方をしていると健康と長寿に恵まれ、生産性や創造性も高まる、というエビデンスの蓄積が進みました。これが、近年ウェルビーイングが注目されている背景にあります。

では、ウェルビーイングとは何か。辞書を引くと、次のように書かれています。

①幸福。安寧。
②身体的・精神的・社会的に良好な状態。
（以下略）
（『大辞泉』小学館）

ウェルビーイング（well-being）を文字通り解釈すると「良きあり方」「良い状態」となります。また、「幸せ」「健康」と訳されることがあります。加えて「持続的な」という意味も含まれており、瞬間的な幸せを表す「ハピネス（happiness）」とは異なります。他方、世界保健機関（WHO）憲章では、「健康」について次のように記載されています。

健康とは、病気ではないとか、弱っていないということではなく、肉体的にも、精神的にも、そして社会的にも、すべてが満たされた状態（well-being）にあることをいいます
（訳：公益社団法人日本WHO協会）

■ 図2　ウェルビーイングな状態とは

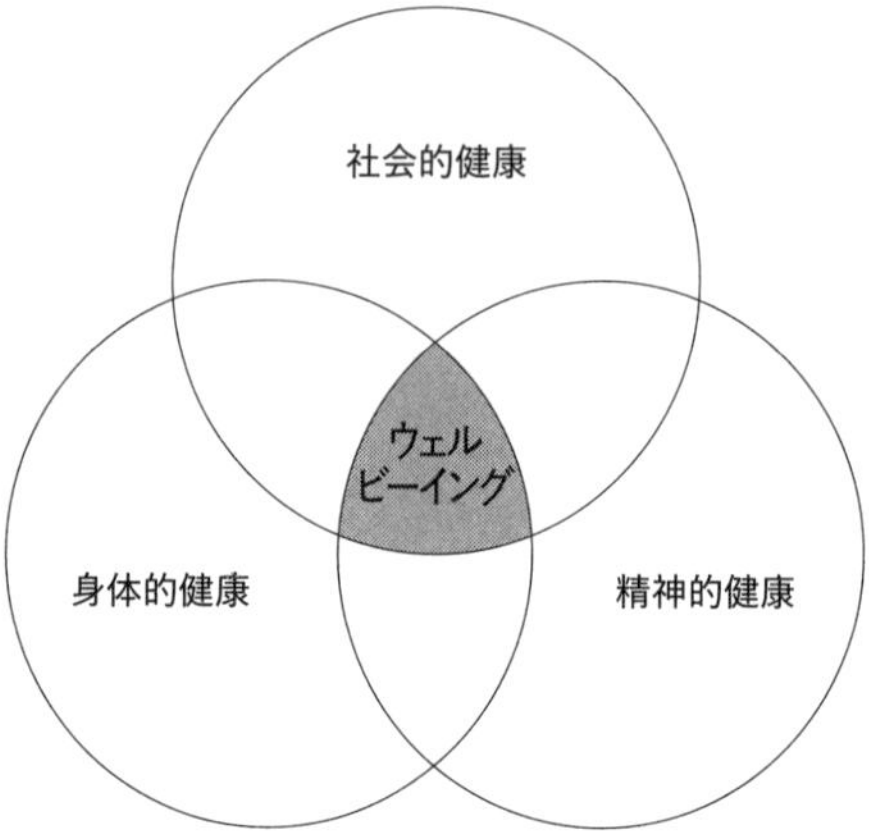

これらから、私たちは、企業経営におけるウェルビーイングとは、その企業の従業員がフィジカル（身体）もメンタル（精神）も健康で、社会の中で人とのつながりを感じており、いきいきと働いている状態だと考えています。

幸せ（ウェルビーイング）の4因子

ウェルビーイングとは「身体」「精神」「社会」、すべてが健康であるということ。では、どうすればウェルビーイングになれるのでしょうか。

日本における幸福学の第一人者である、

■ 図3　幸せの４因子

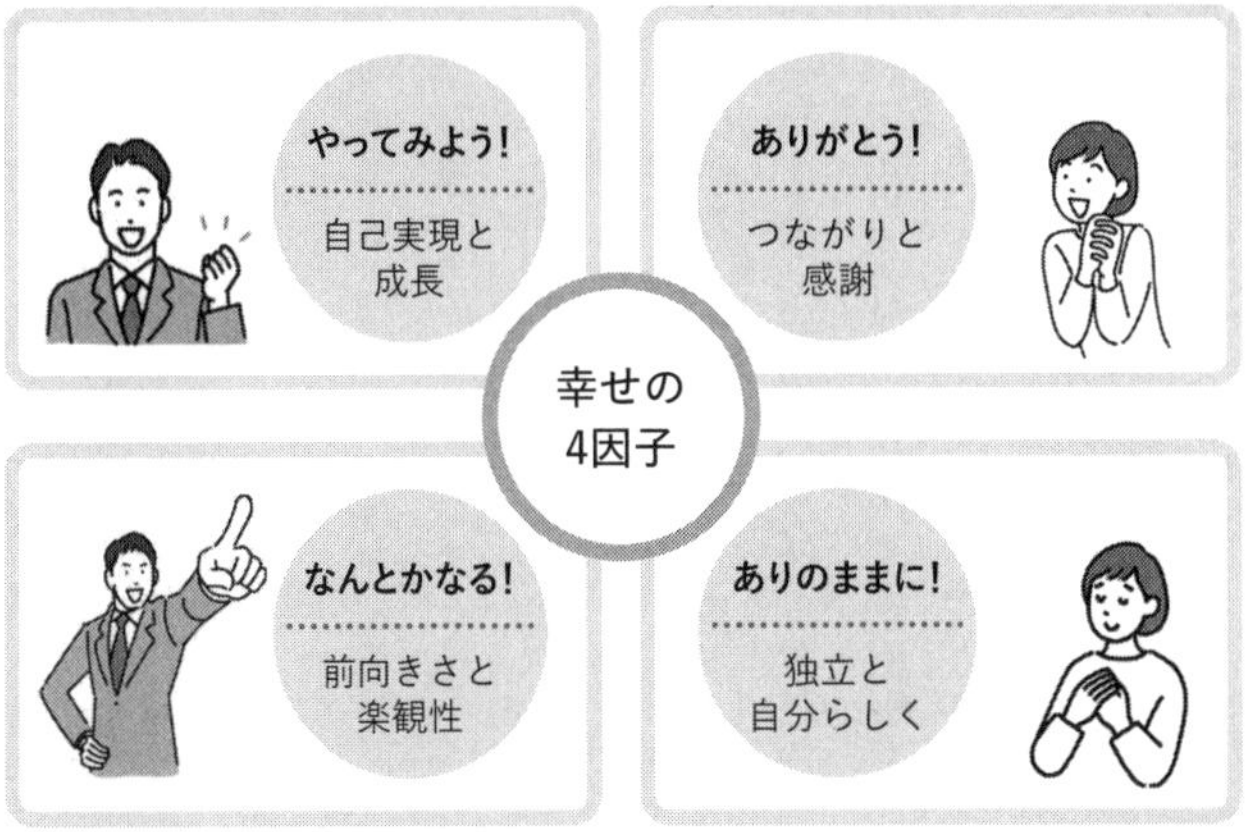

慶應義塾大学大学院システムデザイン・マネジメント研究科の前野隆司教授の研究によると、以下の４つの因子が重要といわれています。

①「やってみよう！」：自己実現と成長の因子
②「ありがとう！」：つながりと感謝の因子
③「なんとかなる！」：前向きと楽観の因子
④「ありのままに！」：独立と自分らしさの因子

ウェルビーイング経営のためには、こ

れら幸せの4因子を、それぞれ促進するような組織づくりが必要です。これら4つの因子について、一つずつ詳しく説明しましょう。

①「やってみよう!」

夢や目標を持てること、それに向かってチャレンジできること、興味あることを表現できている状態です。

やってみようと思えることが個人の成長にもつながりますし、新しいアイデアを具現化するためにも、チャレンジが必要です。誰かがやってみたいと考えることに対して、周囲が「やってみなよ」と言える組織でなければいけません。失敗を非難するのではなく、積極的に推奨する。成功は、失敗を重ねることでしか生まれません。

また、「やらされる」状況では、「やってみよう」と思えません。「これをやれ」という指示だけではなく、「あなたはどう思うの?」と、メンバーそれぞれが自分で考えさせてもらえる環境が重要です。

②「ありがとう!」

お互いに、感謝や利他的な気持ちを持てる状態です。

人間関係を良くする上で「感謝」は必須のキーワードであり、ウェルビーイングを実現する上でも重要です。この視点については、第4章で詳しくお話しします。

誰かに対して、「ありがとう」とお礼をしやすい。また一対一のときに言うだけではなく、みんなの前でも言いやすい組織が理想です。

③「なんとかなる!」

前向きで楽観的であり、自己受容ができている状態です。くよくよ悩むことのない、ストレス耐性が高い状態ともいえます。

何かあったときに、「お前、どうしてくれるんだよ!」と言われてしまう組織では、「なんとかなる」なんて思えません。リスクを個人に背負わせるのではなく、共有してみんなで解決する。また、困ったときにはいつでも相談できる組織でなければいけません。

④「ありのままに!」

自分が受け入れられていると思える。人と比べすぎることなく、自分らしくいられる。

自分の思ったことを素直に言える。自分から自己開示できる。人によって違う考え方や価値観を受け入れられる。そんな状態です。

近年は「ダイバーシティ」という言葉があるように、多様性を重視することが大事だといわれるようになりました。そうした文脈では、男女の性差（ジェンダー）やＬＧＢＴＱ、障がいのような違い、特徴についての話になりがちです。

社会的にそれらの課題解決が途上にあることが大きな理由と思いますが、そうした視点を含め、どんな人でも居場所があることが大切です。自分は何に幸せを感じるか、どんなことを目標にしているかを開示して、みんながお互いにそれを認めている。もっと身近なことでいえば、好きなもの、心地よく感じること、趣味嗜好なども含めて開示し合える環境が大事です。

そして、個人の多様性を認めることが、結果的に会社にも利益をもたらします。

男性のみ、日本人のみ、高齢者のみなど、偏った価値観の人しかいなければ、組織として集められる情報は限られます。多様な価値観の人がいることで、さまざまな視野で広い情報を得ることができ、それを元に成長していけるのです。

以上の４つの因子について、組織として邪魔することなく、より伸ばしていく。それがウェルビーイング経営の根幹です。

ウェルビーイングは物質的な豊かさではない

働く人たちの中でも、世代間で価値観にギャップがあり、特に「幸福」という言葉のとらえ方が異なっているということも感じます。

1950年から2000年ごろまでの間は、高度経済成長からバブルと呼ばれた好景気などもあり、労働者に支払われる現金給与の平均が右肩上がりに増えていった時代です。また多くの企業では、年功序列型、つまり勤続年数に応じて給与が上がっていく仕組みも採用されていましたし、さらに若い世代が入社してくることで、管理職のようなポストも安定して用意されていました。

それにより、普通に頑張って仕事をしていれば高確率で給与は上がり続け、豊かになっていくということを、多くの人が経験できていた時代です。さらにその中でも、人一倍の努力や才覚によって優れた結果を出してきた人たちが、出世の階段を上り、経営者になるなどの成功を手に入れてきたわけです。

そのような方々からすると、「頑張って仕事をすることで、豊かになり、幸せになる」という順番のイメージは明快でわかりやすく、その世代共通の実体験としての説得力も備えています。

それが逆に、会社や経営者が従業員のウェルビーイングを追求するためにさまざまなことを考え実行していくことに対して、「そこまでやらなきゃいけないものなの？」となんだか腑に落ちない……という感覚につながるのかもしれません。

それに対し、いまはどうでしょう。２０００年から現在に続く日本の状況は、不況や少子化、グローバル化などにより将来の不安定さは増し、「実力主義」「成果主義」という言葉が当たり前となり、勝ち組がいれば負け組がいるゼロサムゲームがより激しくなっていく時代です。「頑張って仕事をすれば、豊かに、幸せになれる」という言葉が、働く人々にとっての共通のイメージではなくなってから、すでに10年以上経っています。

そんな現在では、「幸福」の順番も変える必要があると考えています。

つまり、「成功するから幸せになる」のではなく、「幸せだから成功する」のです。

後述しますが、幸福を感じながら働くことで、パフォーマンスが上がっていきます。自分が幸せであれば、おのずと成功に近付いていくわけです。金銭的、物質的な豊かさを否定するわけではなく、いま自分が幸せ、と感じることを第一に考えよう、そうすればその後に豊かさが付いてくる、ということです。

また、現在では、少子化の時代に生まれて、競争よりも個性を重視する教育で育ってきた世代が働き手の中心になりつつあります。その世代の人たちは、自己実現や自己効力感、つながりなど、幸せを感じる要素も多様化し、幸福の形は複雑化しています。こうした点でも、幸せについての世代間のギャップが生まれているのではないでしょうか。

話は変わりますが、1989年に、栄養ドリンクのCMで「24時間戦えますか」というキャッチコピーが流行語大賞にランクインするほど話題になりました。バブル景気まっただ中の当時の日本で、極端な勢いのある言葉がウケたわけですが、「頑張って働けば幸せになれる」ということが、多くの人にとっての共通認識であった時代の象徴的な出来事だと思います。リアルタイムでそのCMをご覧になった世代の人には懐かしく、平成生まれ、2000年代生まれの人にとってはありえない、世代間ギャップを感じるキャッチコピーの一つです。

従業員の声

広報部：入社2年目

人の笑顔を見て自分も笑顔に

関わる人が幸せになる、楽しい気持ちになる。それが私の原動力になります。目の前にいる人が笑顔になっている姿を見て、自分も笑顔になる。合わせ鏡みたいな感覚です。

では、相手が笑顔でいるために何をするのか。手を差し伸べたり寄り添ったりすることもそうですが、まずは自分が心から幸せを感じている状態であることが大事だと考えています。これ、単純そうに見えて意外と難しいんですよ。身体的・精神的・社会的な観点から自分がウェルビーイングな状態かどうかを捉え、それをバランスよくコントロールしたり維持したりする。そんなスキルだと言い換えることもできるかもしれませんね。

このスキルを磨いて自分自身がウェルビーイングでなければ、誰かをウェルビーイングにすることもできないと思います。

ウェルビーイング経営の3つの効果

「ウェルビーイング」と聞くと、従業員に対する「奉仕」のようなイメージを持つ人もいます。しかし、私たちの考えるウェルビーイング経営とは、文字通り「経営」の手法です。つまり、企業として社会的に存在価値を出し続けることが目的です。

ＶＵＣＡと呼ばれる時代の中で、いままでと同じことばかりをやっていたら衰退してしまう。常に新しい商品やサービス、新しい市場をつくり続けて、価値を世の中に提供し続けていく。そのためには従業員が幸せでなければいけません。上司と部下の関係、お客様との関係、社会的に健康な状態があって初めてパフォーマンスを発揮でき、会社も成長できます。

では、具体的にどんな効果が生まれるのか、ここでお話ししていきます。

①生産性が高まる

「幸福学の父」とも称される、米イリノイ大学心理学部のエド・ディーナー名誉教授らの論文によると、主観的幸福度の高い人は、そうでない人に比べて創造性は3倍、生産性は31パーセント、売り上げは37パーセント高い傾向にあるとされています。

また、幸福度の高い人は職場で良好な人間関係を構築しており、転職率・離職率・欠勤率はいずれも低いという研究データもあります。

考えてみれば当然なことで、不幸せな人がお客様のためになる商品やサービスを考えていても、良い発想は生まれづらいでしょう。

②労働力の確保（採用と定着）

企業には多くの仲間が必要です。世の中にたくさんの企業がある中で、自分たちの会社で働いてくれる人を確保し、定着してもらわなければいけません。

昔は給料や会社のブランドなどが、企業の求心力になっていました。しかし近年、特に若年層は、「自分たちにどんなことをしてくれる会社なのか」「自分が成長できる環境なのか」といったことに対する意識が強くなっています。

それに、私たちのようなＩＴ企業は世の中から、新しいアプリやデバイス、サービスなどを提供する先進的なイメージと併せて、常に忙しく、ワーカホリックなイメージも持たれていると感じることがよくあります。そのような業界の会社が、従業員の幸福を考えるウェルビーイング経営を実践し、謳うことで、健康的な企業だとわかってもらうことができます。

ただし、ウェルビーイング経営は、単純に従業員が働きやすい環境を提供するものではありません。

企業には、パフォーマンスの高い人がいれば、低い人もいるのが普通です。企業が成長していく上で、パフォーマンスが高いほうがいいのは当たり前ですし、そういう人を評価します。

では、パフォーマンスが低い人に対してどうするか。大前提として、パフォーマンスの高低に関わらず、幸福を感じながら仕事をしてほしい、というスタンスは変えません。ただし、その人がどの環境でも同じ絶対的なローパフォーマーと決め付けているわけではなく、環境が違えばパフォーマンスが上がるかもしれない。その環境がこの会社ではなかっただけで、別の会社である可能性もあります。別の会社に移ってパフォーマンスが上がるのであれば、その方が良い場合も多いでしょう。

私たちの会社では、パフォーマンスが上がらなくて、低い評価となってしまった従業員には、まず改善プランを立てます。成長するためにはどうすればいいかを上司と本人で考え、改善プランを実行してもだめだったら、本人からも「やっぱり他に行く」といった選択肢が出てきます。


会社の中で幸せに働けていると感じるには、いま働いている会社が自分にとって、成長できている、パフォーマンスを出して貢献できている、と感じられるフィールドなのかどうか、という観点は重要です。「ここはつまらない」「成長できない」と感じる会社で幸せになるのは難しいでしょう。企業としても、個人としても、離職率が低ければいいということはないのです。私たちの会社の2022年度離職率は8・5%ですが、例えば、これが10%であっても、本人が幸せになるためであるのなら、それで良いと思います。

私たちの会社はそれほど大きな会社ではありませんが、事業や組織の種類が多い大企業であれば、会社を移らなくても、社内やグループ会社の中でダイナミックにフィールドを変えることも可能かもしれません。

③従業員の自発的な成長

ウェルビーイング経営の大きなメリットの一つが、自発的に成長する従業員が増えることです。もちろん、会社として、個人が成長するためのメソッドやトレーニングは準備します。それを超えて、自分で学んで成長していける人材が増えていきます。

まず、心身ともに不健康な状態では、なかなか勉強しようという気にはならないでしょう。健康な状態だからこそ学ぼうという意欲が生まれ、それが結果にもつながります。そうして、自分がチームや会社の役に立っているという自己効力感や、自分で状況をコントロールできているという実感が、さらなる幸福感にもつながります。

より幸せになろうと思うから、自分で何をするかを考えて、自ら動く。会社が成長や昇進の流れをつくるということではなく、一人ひとりが自分の人生設計をして、その中でキャリアを考えて自分を動かしていく。それが幸福感を生み、会社の業務にも反映されていきます。

従業員の声

本部長・エンジニア職：入社12年目

ウェルビーイングが企業の持続可能性を高める

私は従業員が5、6人のころに入社しました。当時はかなり滅私奉公な職場で、終電を超えたり、週末に仕事をしたりすることもよくありました。いまでは問題視されるような働き方でしたが、とはいえ「仕事なんだから当然だ」といった考えもありました。公私において嫌なことや辛いことがあっても、社会人なんだから・組織人なんだから割り切って仕事しないといけないと思っていたんですね。

会社がウェルビーイングを謳うようになってからも、そんな滅私奉公な気持ちで長らく働いていたのですが、2年ほど前に、「いままでの働き方は絶対できないな」と感じる出来事がありました。そのころ、新型コロナに罹ってしまい、結構重い症状で、丸1週間、腕も上げられないような状態でした。精神的にも体力的にも落ちこんでしまって、会社に出るようになってからも体力的にも精神的にもしんどさが抜けず、その後半年間ほどは後遺症も残ってしまいました。その経験から、誰でも毎日夜中まで残業して、土日も仕事できるわけではないんだなと、ようやくわかりました。

私はウェルビーイングの本質的な意味はわかっていないかもしれませんが、ウェルビーイング経営とは、持続可能な経営をしていく、ということではないかと思います。

誰かが体調を崩して業務ができなくなるリスクを消す方法は、十数年前までは自分か誰かが、「とにかく働く」しかなかったのだと思います。

しかし、そうした働き方が長続きするとは思いません。会社が健全に経営を続けるためのリスク管理が、ウェルビーイング経営なのではないかと思います。

第2章

ウェルビーイングの三角形

THE STRONGEST ORGANIZATIONS ARE CREATED BY WELL-BEING EMPLOYEES

ウェルビーイング経営の三角形

ウェルビーイング経営の三角形とは

多くの企業が、従業員に気持ちよく働いてもらいたいと思っています。そうして、福利厚生や各種行事、環境整備などさまざまな取り組みを行っています。しかし、「幸福」とは主観的な基準によるものであり、日々変わっていくものでもあります。それに対して企業はどういう関わり方をしていけばいいのだろうかと考えたのが、これから説明する「ウェルビーイング経営の三角形」です（図4）。

三角形の中は「環境」「仕事」「未来」「対人関係」で構成されています。これらは、ウェルビーイング経営の取り組みや施策において組織が押さえるべき4つのポイントです。

■ 図4　ウェルビーイング経営の三角形

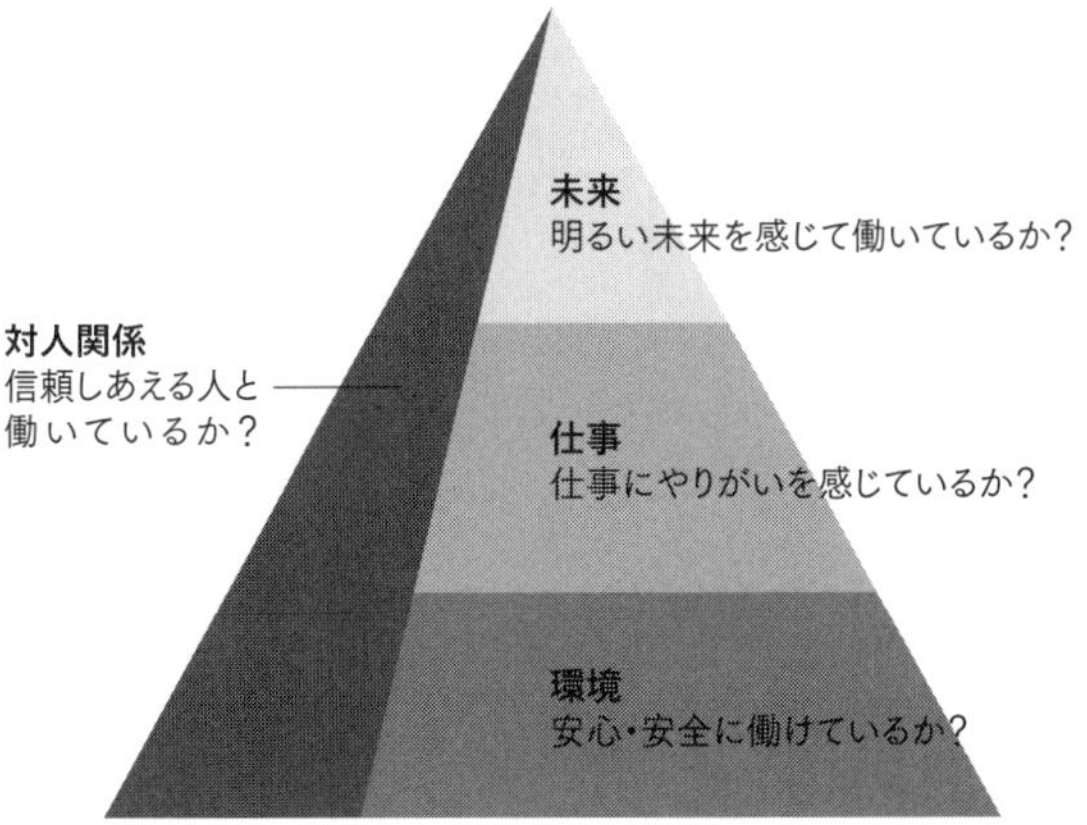
未来
明るい未来を感じて働いているか？
対人関係
信頼しあえる人と
働いているか？
仕事
仕事にやりがいを感じているか？
環境
安心・安全に働けているか？

まず、「環境」はウェルビーイングの土台になります。その上で「仕事」に対するモチベーションが大事になります。仕事に対するやりがいを感じながら働けば、明るい「未来」を描くことができる。「対人関係」は、それらの項目すべてに関わる要素と考え、全体にかかるイメージにしています。

「幸せの条件」すべてに「対人関係」が関わる

・「環境」……安心・安全に働けているか？

ここでいう環境とは、オフィスなどの物理的な環境に加え、給料や勤務時間、福利厚生などの条件も含まれます。ウェルビーイングの土台となる大切な要素です。

新型コロナ禍では、テレワークの環境が大きくクローズアップされました。また、テレワークが定着しつつある中で、今後オフィスをどうするか考えている経営者の方も多いと思います。

環境は衛生要因が強く、ここが下がると従業員の不満につながります。一方で、環境を良くすればするほど幸福感やモチベーションが上がるわけではありません。この点では従業員がどんな環境を期待しているかを知ることが重要になります。

・「仕事」……仕事にやりがいを感じているか？

「仕事」は動機付け、モチベーション要因です。幸せに働くためには、「仕事のやりがい」は欠かすことのできない要素です。

上司が部下に対してやりがいを持ってもらおうと考えた上で仕事を任せたとしても、部下がそれを理解していなければ意味がありません。上司としてどのように考えているかを共有し、本人の認識を確認する対話が重要です。

また、自分の仕事が日々捗っていると感じられることが、自身のモチベーションや幸福感に好影響を与えます。上司は部下の仕事の進捗を促すために、それを阻む要素を取り除く、また、マイルストーンを設定して成長実感を持たせるなどの支援が必要です。

・「未来」……明るい未来を感じて働いているか?

誰も「未来」を確実に予測することはできません。そのため、多くの人にとって不安をもたらす要素になり得ます。仕事の上でも、仕事の結果や成り行き、将来のキャリアなど、気になることはたくさんあります。

現在の状況にかかわらず、将来を明るく感じることも暗く感じることもできますし、人によってもその傾向は異なります。例えば、仕事が忙しいときに「自分は必要とされている。これからも仕事にあぶれることはない」とポジティブに捉える人がいる一方で、「このままずっと忙しく余裕のない状態が続くのか」とネガティブに捉える人もいます。企業としては、常に明るい未来イメージを共有していくことが重要です。これは経営者にとって非常に重要な仕事です。

私たちの会社においては、ビジネスモデルの転換が必要な時期がありました。お客様の要望するものをつくり販売して一時的に大きな収益を得るフローモデルから、毎月継続的にお金をいただくサブスクリプションモデルへの転換です。一時的に収益が苦しくなる側面はありますが、顧客基盤が大きくなれば安定した収益を得られる、使い続けてもらえる良い機能を提供し続けることができる、などの未来を示し、明るくチャレンジができる方向へ導いていきました。

・「対人関係」……信頼しあえる人と働いているか？

対人関係、特に信頼できる関係性はここまでに説明した項目すべてにかかわります。

「環境」に関していえば、会社は福利厚生として、さまざまな施策を考えたり制度を整えたりしています。働く環境や報酬・待遇もこれに含まれます。これらは会社における「有限な資源の配分」であり、すべての人が何もかもに満足することは基本的に難しいといえます。福利厚生や人事施策に携わったことがある方は、「なぜ従業員のことをこんなに考えているのに、わかってもらえないんだろう」というような気持ちになったり徒労感を感じたりしたことがあるかもしれません。

施策を実行するときは、従業員がどのような状態かを認識した上で意図をもって施策の内容を考え、リソースを配分します。そのときに従業員の状態を正しく認識できていなければ、施策の意図は的外れなものとなります。さらに、施策を実施する上では、施策自体や制度の内容を説明するだけでなく、その意図を伝えて理解してもらわないと、従業員の不満がたまったり、「自分は会社から大切にされていない」という気持ちになったりして、幸福感が下がる結果になってしまいます。

「仕事」では、目標の設定や進捗確認のためには、上司との信頼関係が必要です。何よりプロジェクトやチームでの作業を円滑に進める上では、お互いの信頼関係が欠かせません。「未来」についても同様です。キャリアについての対話を通してアクションにつなげるなど、信頼関係の上で成り立つコミュニケーションが、明るい未来認識に大きな役割を果たします。

このように、「未来」「仕事」「環境」についての打ち手をいくら打っても、「対人関係」が良くないと、ウェルビーイングな状態に近づいていきません。

コミュニケーションは組織の血液

「不安」「嫌い」を「違い」に変える

前述のように、対人関係は幸福の要素すべてにかかわってきます。では対人関係が悪い状況とはどういうことかといえば、相手に対する不安が大きくなることです。考えていることがわからない、感情が見えない、相手は自分に対する情報を持っているけれど自分は相手の情報を持っていない。

そのような不安を抱えてしまうと、人はどうしても防衛的になったり、もしくは攻撃的な反応や行動をとってしまったりします。対人不安をそのままにして、より良い行動をとるのではなく、根本にあるその人への不安を減らしていく必要があります。そのためには、コミュニケーションを通してその人のことを知り、理解していくほかはありません。コミユニケーションを取っていても対人関係が良くならないのであれば、それは目指しているものや大事にしているものが違うということです。そうであれば、一緒にいないほうがいいのかもしれません。

しかし、コミュニケーションを取っていないのにそう決めるのは早い。話してみれば相手の考えがわかるし、感情も推測できます。目指していることが違うと思っていたけれど、「同じだったね」ということもあります。あるいは違うということがわかるだけで、それまで不安だったことが不安ではなくなることもあります。

仮に「嫌いだな」「苦手だな」と思う人がいたとしても、コミュニケーションを通してその人に対する理解が深まり、自分と相手との「違い」が理解できると、「嫌い」「苦手」という感情を極小化することもできます。見えないことでレッテルを貼っていたけれど、中身を見てみれば恐れるものではなかったということは、よくあるのではないでしょうか。

人間は一人では生きていけない

人間は一人では生きていけません。誰しも、子どものころに親との間で人間関係を構築します。そこで良い関係を築けなくなると、愛着障害などの症状が出てくることもあります。そうすると、その子どもは社会を安心できるものとして捉えられず、反社会的な行動をするようになる可能性もあります。

本質的に、人は何かに所属していたいという帰属欲求があります。集団の中の一員であるという意識を必要としていて、その意識を醸成するための手段がコミュニケーションです。世界中でベストセラーになった、ユヴァル・ノア・ハラリ著『サピエンス全史』では、数万年前に複数あった人類の種の中から、現代人につながるホモ・サピエンスだけが存続した理由について述べられています。ホモ・サピエンス以外の人類種として有名なのがネアンデルタール人ですが、彼らは体格だけでなく、脳の容積も当時のホモ・サピエンスよりも大きかったことが、発見された人骨からわかっています。それでもなお、ホモ・サピエンスが地球上における人類の覇者となった理由として、「虚構」を認知し、それを伝え合うコミュニケーションを獲得したことである、と述べられています。虚構とは、目の前にはない物事を広く指し、物語や想像、主義やロジックなども含みます。これによって、集団において複雑な意思疎通が可能となり、大集団による狩りや戦いを効果的に行うことができたとされています（ネアンデルタール人は、大きい集団をつくることができなかったそうです）。

そのようなＤＮＡが、現代までホモ・サピエンスが繁栄する一つの要因であったとするならば、そのＤＮＡを受け継ぐ我々も、否応なく「コミュニケーション」や「集団での行動」を求めるとしても、何の不思議もないのではないでしょうか。

人間は、やはり一人で生きていくことはできません。世の中には仙人のように誰の力も借りずに生きていける人がいるかもしれませんが、少なくとも組織の中にいるという意味では、人と関わることは避けられません。

一人だけで幸せにはなれないから、他者との関係が大切になる。そこにコミュニケーションが存在します。コミュニケーションは組織が健全であるために必要な、人間の身体における血液のようなものなのです。

すべてのメンバーが信頼し合うチーム

部下と上司の信頼関係とは

ウェルビーイング経営を推進しようと思った方が最初にすべきことはシンプルです。まずは、自らが「幸せになる」と決めること。自分が変わると、周囲が変わっていきます。その次に実践すべきは、「信頼の文化」をつくることです。

信頼関係とは、どんな関係でしょうか。

部下が上司に対して、「この人は私のことを見捨てない」「何かあったらフォローしてくれる」「最後はどうにかしてくれるだろう」と思える。

上司からすれば、「この人は何かあったとしても付いてきてくれる」「任せた仕事は責任を持ってやってくれる」「チームのために力を尽くしてくれる」と信じることができる。

また、「NO」と言えることも大事です。上司よりも部下のほうが詳しいことはよくあります。上司がいくら「これがいい」と言っていても、やらないほうがいいと思うことにはしっかり意見できる。上司のほうも、それがチームや自分自身のために言ってくれていることだとわかるから、「そうか、ありがとう」と受け入れることができます。


いろいろな側面がありますが、信頼関係とは、ひと言でいえば方向性が合っているということなのだと思います。相手の考えていることや行動が、自分の思う方向と揃っていると確信できることです。

例えば、ある事情で部下が仕事の担当を変えられたとします。そのときに、「何かの事情があるに違いない」「これがチームにとっていいことだと考えている」と思えるかどうか。信頼関係がなければ、裏切られた感情しか残りません。

そして方向性を揃えるために必要なのは、同じビジョンや目標を共有できていること。そこに向かう目的がしっかりわかっていること、相手の仕事と人生の重なりを理解できていることです。

信頼の文化をつくる

信頼とは、基本的には一対一の関係性で生まれるものだと思います。AさんとBさんが信頼関係で結ばれている。AさんとCさん、BさんとCさんも信頼し合っている。そうしたメンバーそれぞれの間の信頼度が高い状態が、チームの心理的安全性が高い状態だと言い換えられると思います。

これまでにもお話ししたように、社会の変化への対応力を高めるためには、組織的な創造力が必要となります。社会の変化への対応力のない企業は存続できません。組織的な創造力を高めるためには、自由に意見やアイデアを出し合える環境でなければいけません。どんな意見を述べても、その内容がその人にとって悪いことや不利なことに使われないという信頼関係の構築が必要です。お互いに信頼できる関係でなければ、個人が自由に動けず、個人、そしてチームのパフォーマンスは最大化しません（図5）。

■ 図5　変化への対応力を生み出すには

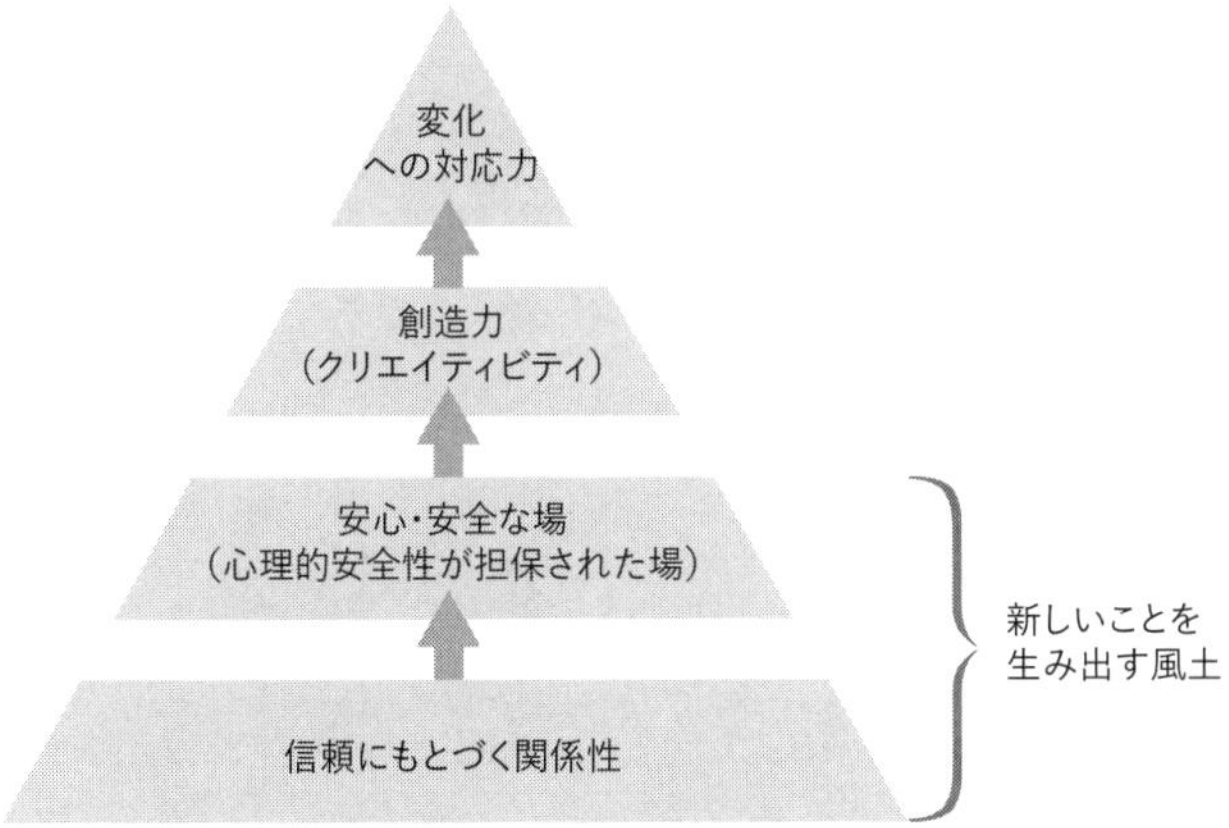

信頼を形づくる2つの要素と3つの施策

ここまでの内容を踏まえ、私たちは信頼の要素を次のように考えています。

①その人との関係の中で、自分がどんな価値を主張しても、理解され、受け入れてもらえること

②相手が自分を利用したり、打ち明けた情報を自分の不利になるように用いたりしないと思えること

そのために私たちの会社が実施している施策は、大きく3つです。これらは第

4章で詳しくお伝えします。

①経営者だけでなく、従業員一人ひとりがビジョンを共有する（V2MOM）

自分のビジョン、つまり理想とする生き方を言葉で表現することが幸せの第一歩です。そしてオープンであることが信頼関係づくりのために大切です。

②上司と部下の1対1の対話頻度を増やす（Weekly 1on1）

上司と部下の信頼関係を醸成するためには、対話の質と頻度を増やすことが最も重要です。また、部下の体調やモチベーションなどわずかな変化に気付くことも1on1の役割です。

③貢献に対する感謝の気持ちを共有する（サンクスカード）

どんな人でも成果を認められることは嬉しいものです。面と向かって感謝を伝えるよりも、多くの人が見ている中で伝えると効果はより大きくなるといわれています。

信頼の文化ができることで、従業員の幸福度は上がり、生産性も高まります。これから紹介する私たちの会社の取り組みには、ツールの導入やオフィスの環境整備もありますが、そのエッセンスだけでも、必ず役立ちます。従業員と企業がともに成長できる組織づくりのため、ぜひ参考にしてください。

従業員の声　**部長・人事職：入社4年目**

嬉しいこともしんどいことも共有する

私のチームは、一般的な「上司と部下」のような上下の関係ではなく、同じ目標に向かってともに支え合う、メンバー同士という感覚です。チームで大切にしているのは、しんどいことも嬉しいことも共有すること。何か大変なことがあったとしても、誰かと共有すると、笑いに変えられることがありますよね。

例えばリモート会議でいつもより表情の暗いメンバーがいれば、「さっきのミーティング大変でした？」と声をかけたり、日々の業務の中であるチームメンバーが普段以上に時間をかけているものがあれば、「あの業務、大変ですよね。大丈夫ですか？」とチャットを送ったり、何かネガティブなことを感じたら必ず後で話題に挙げるようにしています。

みんな仕事は好きだと思うけれど、やっぱり「やりたくない！」となるときもあります。それでも勇気を出してやらなければいけないときに、誰かがいてくれたほうがありがたいですよね。

そうしたチームであれば、一歩を踏み出すことができます。自分のやりたいことをできると思える、もしくはメンバーと一緒であればできると確信を持てる。そこからいい結果にもつながります。

こうした習慣をずっと続けてこられたのは、周囲のメンバーも私に対して、そうしてくれたからです。組織マネジメントを行うにあたって、どうしても行き届かないものはあるかと思いますが、この行動はこれからも続けていきます。

ウェルビーイング経営のフレームワーク

私たちの会社ではウェルビーイング経営の三角形という考え方を具体的な施策に落としこむ上で、独自のフレームワークを構築し、運用しています（次頁図６）。

「ビジョン」は目指している将来像、「カルチャー」は行動原則、具体的な取り組みは「ルール・ツール・プレイス」という整理をし、それによって「何を生み出したいか」を言語化し、「ものさし」で測れるようにするという構成です。

ビジョンを実現するために、働く人は何を意識しながら行動すべきか、それを実現するためのルール（社内制度）、ツール、プレイス（働く環境）は整備されているか。

それらの取り組みから生み出したいものは何か、前に進んでいるかをしっかりと測れる「ものさし」があるか。これらを設計することで、一貫した実現性の高い経営ができます。

■ 図6　ウェルビーイング経営の全体像

先ほど紹介した「ルール・ツール・プレイス」というものを少し掘り下げて説明します。なぜならばウェルビーイング経営を行うにあたり、ルール・ツール・プレイスは従業員の力を引き出すという観点でとても重要なものだからです。

「ルール」は柔軟な社内人事制度、「ツール」はどこでも働けるIT環境、「プレイス」は最もパフォーマンスを出せる場所、という定義です。

すべてカルチャー（行動原則）と照らしあわせながら検討していきます。

「ルール」はリモートワーク制度そのもの、評価、成果の考え方、勤怠、時間管理方法などいろいろありますが、ポイントは柔軟であることです。状況に応じて「ルール」をつくり変えることができれば従業員の働きやすさを高めることができます。

例えば週30分の1on1ミーティング、全従業員の目標をオープンにするなどを「ルール」として設定しており、コミュニケーションをとりやすく、そして透明性が高い状態で仕事ができるようにしています。また、従業員同士のメールを禁止するルールも制定し、全従業員が原則チャットでコミュニケーションをとることをルールとしました。これは、メール特有の挨拶文などを省略することで、本質的なコミュニケーション量を増やすための取り組みの一環です。

「ツール」はどこでも働けることをベースに組み立てます。身近な例ではウェブ会議やチャットシステムでのコミュニケーション、すべてのデータを安全にアクセスできるクラウド上に置いておくことなどです。私たちの会社では「チームワーク」をカルチャーとして設定しているので、それを高めるための1on1ツールやプロジェクト管理ツールがあったり、「感謝」のカルチャーを体現するためにサンクスカードを活用したりしています。

ツールが従業員の働きやすさに与えるインパクトはいまでもとても大きいですが、ＡＩの台頭などもあり、これからはますますそうなっていくでしょう。

最後に「プレイス」です。出社する・しないの選択ができるようになってから、オフィスはよりその価値を高める必要が出てきました。つまり、わざわざオフィスにいく価値を再定義することが求められました。集中して働きたい、仲間と議論したい、大きなディスプレイがある、快適な椅子がある、仲間に会いたいなど、個々人が最高のパフォーマンスを出せる場である必要があります。目指す働き方に合わせて、いま働いている従業員の特性や行動を分析し、最適な環境をつくっていくことが大切です。特に、「今日はこの先輩の近くに座ろう」といった思いを実現するためには、フリーアドレスを採用したオフィスづくりなども有効です。

本章ではウェルビーイングのためにはコミュニケーションが欠かせないとお話ししました。ウェルビーイングを実現するための一連の設計自体が、コミュニケーションを生んでいきます。ルールを定めることによってコミュニケーションが生まれ、ツールを導入することによってコミュニケーションが生まれ、プレイスを整えることによってコミュニケーションが生まれる。そのことを、以降の章で見ていきます。

第3章

自分たちの幸せと向き合う

THE STRONGEST ORGANIZATIONS ARE CREATED BY WELL-BEING EMPLOYEES

「幸福」は求めるものではなく感じるもの

ワーク・ライフ・インテグレーション

近年は「ワーク・ライフ・バランス」という言葉をよく聞きますが、それよりも、「ワーク・ライフ・インテグレーション」の考え方のほうが、時代に適していると思います。

現在は、場所としても時間としても、仕事とプライベートを切り離すことは難しくなっています。会社で仕事をする場合も、自宅で仕事をする場合も、セルフマネジメントをしてきちんと集中する。一方で、例えば子育て中の人は、仕事の合間に子育てをする。人生を構成する要素として仕事と生活を統合（インテグレーション）して考え、両方の充実を目指す考え方です。

それに、仕事に求めることと、プライベートに求めることが近くなったのかもしれません。昔は給料と立地とブランドで働く会社を決めて、プライベートは自分の好きなことをして過ごすというのが、多くの人に共通する幸せの形でした。

いまは自分が共感できることを仕事にしたい、自己実現のできる会社で働きたいという人も増えています。そうなったとき、自分の幸せと仕事の幸せは区別できないでしょう。個人の幸せを考える上では、仕事を通した幸福度を見ていくことが大事です。

三角形の形は人によって異なる

ウェルビーイング経営の三角形にある「環境」「仕事」「未来」「対人関係」のそれぞれについて、それらがウェルビーイングにどれくらい影響を与えるかは人によって異なります。そのため、次頁図7のように、三角形の形は人それぞれで違うものだと考えています。また、ライフステージによってそうした価値観も変わっていくものです。

個人個人が、自分にとってのウェルビーイングの形を考えることが大切です。

■ 図7　幸せの形は人それぞれ

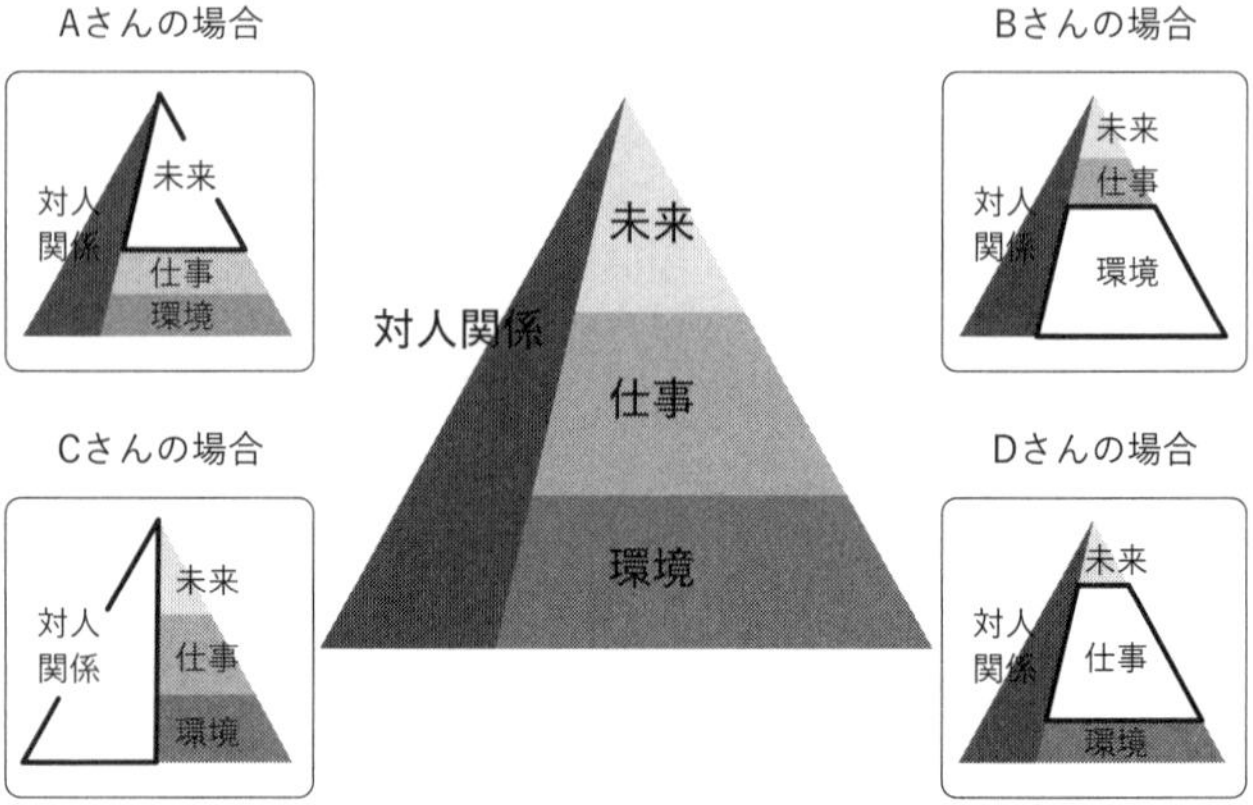

以降に説明する具体的なウェルビーイング経営の施策は、それぞれいろいろなメリットがありますが、すべてコミュニケーションの促進に関わります。対人関係のリスクを乗り越えて、衝突を恐れずにお互い率直に意見を言い合う、そうした関係をつくるための方法です。

従業員の声

部長・営業職：入社4年目

社会の中で人と関わることが幸せ

社会の一員として生きていけることが、私にとってのウェルビーイングなんだろうなと思います。今後もしも産休や育休で仕事から離れなければいけなくなったとき、すごく不安になるだろうなと感じるんです。

いま、仕事しているといろいろなお客様と会うことができます。もちろん、チームのメンバーやパートナーさんにも。それらが遮断されれば、社会とのつながりがなくなってしまう。そう考えると、世の中に置いていかれるのではないかと心配になります。

私は人が好きで、社会に出て人と関わっていけることが幸せな状態だと思います。その幸せがあるから、プライベートも充実しているんです。

自分にとっての「幸せの条件」を考える

幸せの形は人それぞれ

どのようなことが幸せか、幸せの形は人それぞれです。「とにかく待遇面を重視（環境）」という人もいれば、「自分の仕事が充実していればいい（仕事）」という人もいます。「いまは忙しくて大変でも、高いスキルを身に付けて、将来たくさん稼げるようになりたい（未来）」と考える人もいれば、「どんな人と一緒に仕事をするかが一番大事（対人関係）」という人もいます。

「仕事の意義を感じられるような施策をしたのに、あまり反応が良くない」「オフィス環境を良くしても会社に来ない」など、人事や総務の担当者がウェルビーイングの観点で良かれと思って実施したものの、あまり満足のいく結果や反応が得られないことがありますが、ウェルビーイングに大きく影響する要素が人それぞれ違うことがわかれば、「そんなものか」と思えるでしょう。

そんな中で、一つ留意しておいてほしいポイントがあります。従業員のウェルビーイングを高めるための施策を考えるとき、どうしても企画する人やその上司、経営者たち自身の三角形の形に引っ張られやすい、ということです。

それらの人たちの幸福感にもつながることなので自然といえば自然なのですが、人によって幸福度に大きく影響する要素が異なることを踏まえると、三角形のバランスを意識することも重要です。「この施策は、三角形のどの要素に影響するかな?」と考えながら、どこかが極端に厚くなったり薄くなったりしていないかを振り返ることで、より多くの従業員の幸福度を上げることができます。

答えるだけで幸福になっていくアンケート

「幸福」とは、それぞれが感じる主観的なものです。しかし、それを経営手法として考え

■ 図8　Well-being Company Surveyとは

Well-being Company Surveyの構造

設問：ホワイト企業の3つの因子設問

エンゲージメント

すくすく	私は、この会社で働くことを通して喜びを感じている	【喜び】
	私は、いまの仕事に誇りをもっている	【誇り】
	私は、休日明けに出勤するのが楽しみだ	【楽しみ】
	私は、仕事を通じて、毎日が充実している	【充実】

関係の質・心理的安全性

のびのび	私は、会社から大切にされている実感がある	【大切】
	私は、自分の努力や資質が認められていると感じている	【承認】
	私は、職場において、自由に発言できる	【自由度】
	私は、一緒に働いている人達に対して感謝している	【感謝】

キャリア開発

いきいき	私は、能力を発揮できチャレンジしがいある仕事をしている	【挑戦】
	私は、スキルや能力を伸ばす機会がある職場で働いている	【成長機会】
	私は、仕事を通じて、自分の目指す姿に近づいている	【自己実現】
	私は、仕事と通じて、人として成長している	【成長】

るならば、何かしらの基準が必要です。個人が感じるものとしているだけでは現在の自社がどういう状態なのかわかりませんし、改善しているかどうかもわかりません。まずは測定しないと改善はできません。

従業員の幸福度や精神的健康状態を確認する手段として、社内アンケートやストレスチェック、従業員満足度調査などさまざまなサーベイ（計測・調査の手法）があります。そうした中、私たちはウェルビーイングの度合いを測るツールとして、どんなサーベイをつくればいいのかを、数カ月かけて考えました。

そうして開発したのが、ウェルビーイング・カンパニー・サーベイ（Well-being Company Survey：以下、ＷＣＳ）です。これをサービスとして私たちの会社のクライアントにも無償で提供しています。

ＷＣＳは、12項目のアンケートに7段階で答えるものです。設問項目は、「ホワイト企業大賞」のアンケートを元にしています。ホワイト企業大賞とは、「従業員の幸せと働きがい、社会への貢献を大切にしている企業」をホワイト企業と定め、選定するものです。

企業規模の大小を問わず、また、役所やNPO、NGO、任意団体も対象に、働く人へのアンケート調査から組織の状態を測ります。

ホワイト企業大賞では40問のアンケートが設定されていますが、その中でもウェルビーイングの視点で12問に絞ったものが、WCSの設問です。これは、幸福学の第一人者である慶応義塾大学大学院システムデザイン・マネジメント研究科の前野隆司教授が因子分析という手法を使って導き出したものです。

この12問は、それぞれ「喜び」「誇り」「楽しみ」などの要素に対して、どのように感じているかがわかるようになっています。また、4問ごとに「エンゲージメント」「関係の質・心理的安全性」「キャリア開発」といったカテゴリに紐づいています。

12問なら数分で回答できます。健康診断のように自分の状態を定期的に診断することで、組織や自身の幸福度の定点観測ができます。自身やチームの変化に気付くことが、幸福度低下（生産性低下）を未然に防ぐことにつながります。また、スコアの高低だけではなく、全体のバランスにも着目してみると、現状をより俯瞰的に把握することができます。

■ 図９　Well-being Company Surveyの結果

組織の特徴を見る

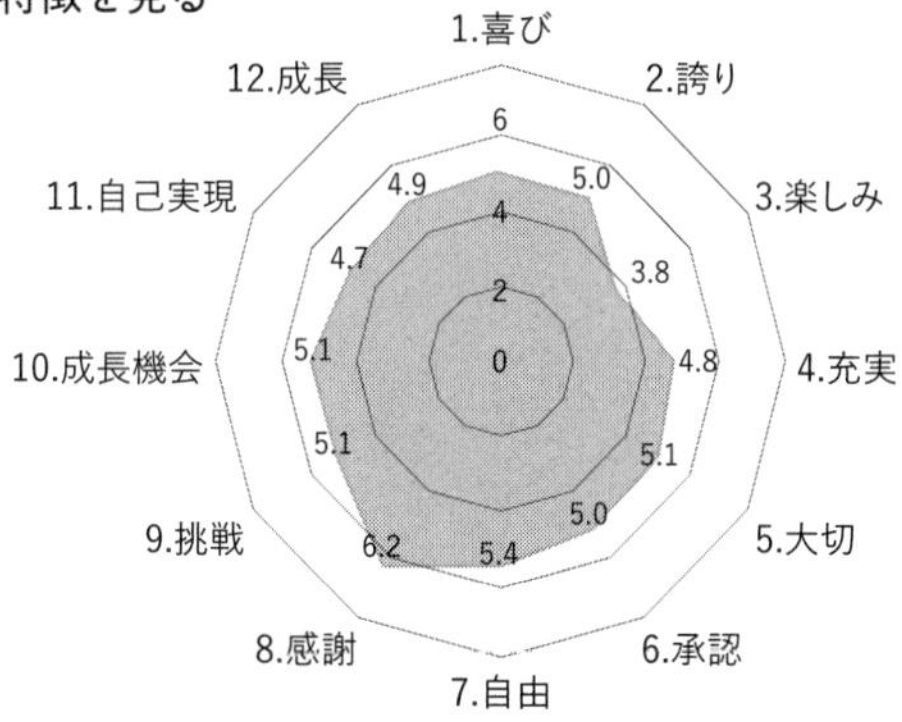

時系列で変化を見る

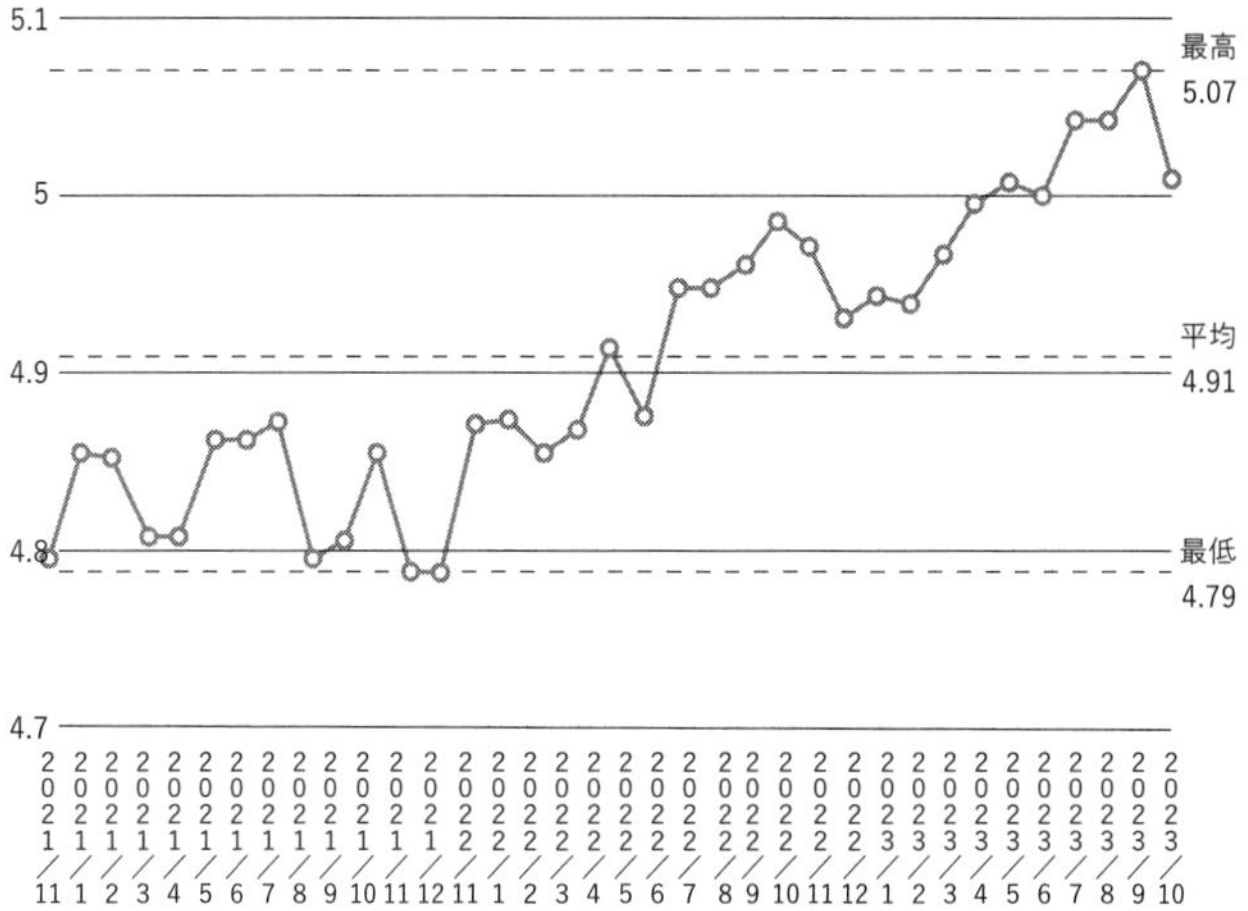

定期的に自分たちの状態をチェックする

「幸福度診断」となると、どうしてもチーム同士で比較しようとしがちですが、ＷＣＳは他のチームと比較するものではありません。もちろん、競うものでもありません。

例えば、あるチームで最初に診断したときに、「感謝」の項目が少し低くなっていたとします。しかし、それだけで大きな問題になるというわけではありません。人によって平熱に違いがあるように、チームの体温もそれぞれです。普段の業務の中で特に不満が現れていなければ、それがそのチームにとって通常の状態だともいえます。

１回だけ測っても、良い状態か悪い状態かは判断できないわけです。時系列の変遷が重要で、そのために定期的に実施します。

そうして変化を確かめながら、一番は「強みを生かす」という活用の仕方をしてほしいと思います。

まずは、点数が高い項目、前よりも上がった項目をピックアップして、自分たちのウェルビーイングを引っ張っている要素としてポジティブに感じられるよう、メッセージを出していくことが重要です。それにより、そのチームのメンバー自身の認識が強化され、さらにそう思える気持ち、行動が促進されていきます。また、自分たちのウェルビーイングを引っ張っている要素についてのメッセージを組織内外に話していくことで、それに魅力を感じる人が入社し、次第にその組織や会社のカルチャー、風土として根付いていくのです。

私たちの会社では「感謝」のスコアが常に高いのですが、自分たちが使用しているツールや実施しているアクションがあった上で、このＷＣＳで自分たちの「感謝」のスコアが高いと認識することで、感謝する傾向がさらに強められている、と感じています。

一方で、「承認」のスコアが低くなったとします。そうすれば、マネージャーはメンバーの行動をしっかりと言葉で承認しようとするでしょう。普段から伝えているつもりでも、伝わっていないこともあるかもしれない。そうしたことに気付いて行動を変えることができるのです。

もちろん、マネージャーだけではなく、チームメンバーみんなで話し合うことも大事です。WCSの最も良い点は、自分自身のウェルビーイングに向き合った上で、チームで対話が生まれることです。

まず、アンケートに答えた結果をチームで共有するということは、そのチームの中で「自分はこう感じている」と意思表示することでもあります。それをマネージャーをはじめとするチームメンバーに知ってもらえることが、自己開示になります。

その上で大切なのは、チーム全体をどう良くしていくかを自分たちで考えることです。各スコアについて、「こんな変化があれば、こんなことが考えられる」「こうしたときは、この部分を意識しよう」ということは、ある程度はマニュアル化できます。しかし、どのようにより良くなっていくのか、自分たちで考えてほしいと思います。

VUCAの時代、用意された答えはありません。時間は少しかかるかもしれないけれど、「いまはこんな状態だけど、どう思う？」「どこを強めていこうか。そのためにはどうすればいいかな」と自分たちで考える。これを続けることで、さまざまなことに対応できる力が付いていきます。同時に、良い状態になるための方法を自分たちで考えることで、幸福度の高いチームになっていくのです。

一人ひとりがウェルビーイングの意識を高めるサーベイ

現在、従業員満足度を含め、エンゲージメントやモチベーションを測定する何らかのサーベイやアンケートを実施されている企業・組織は多いと思います。

世の中にあるこれらのアンケートの多くに、自分から見た経営や環境、上司、同僚、仕事など、自分の外の物事や人々に対する評価的な設問が多く含まれています。そのようなアンケートには、どうしても「改善してほしい」という回答者の気持ちが表れて、不平不満が目立つ結果になってしまったり、際限のない要望によって、同じ項目が常に低いままになる、というケースが散見されます。

「スコアの低い項目について、いろいろと対策しているのに一向に良くならない」と嘆いている人事や経営者の方もいらっしゃるかもしれません。もちろん、対策が足りなかったり適切でない場合もありますが、やはり人間なので、評価的な設問には、「さらに良くなってほしい」という気持ちが働き、辛めの点数を付けてしまうパターンに陥ってしまって

■ 図10　Well-being Company Surveyの特徴

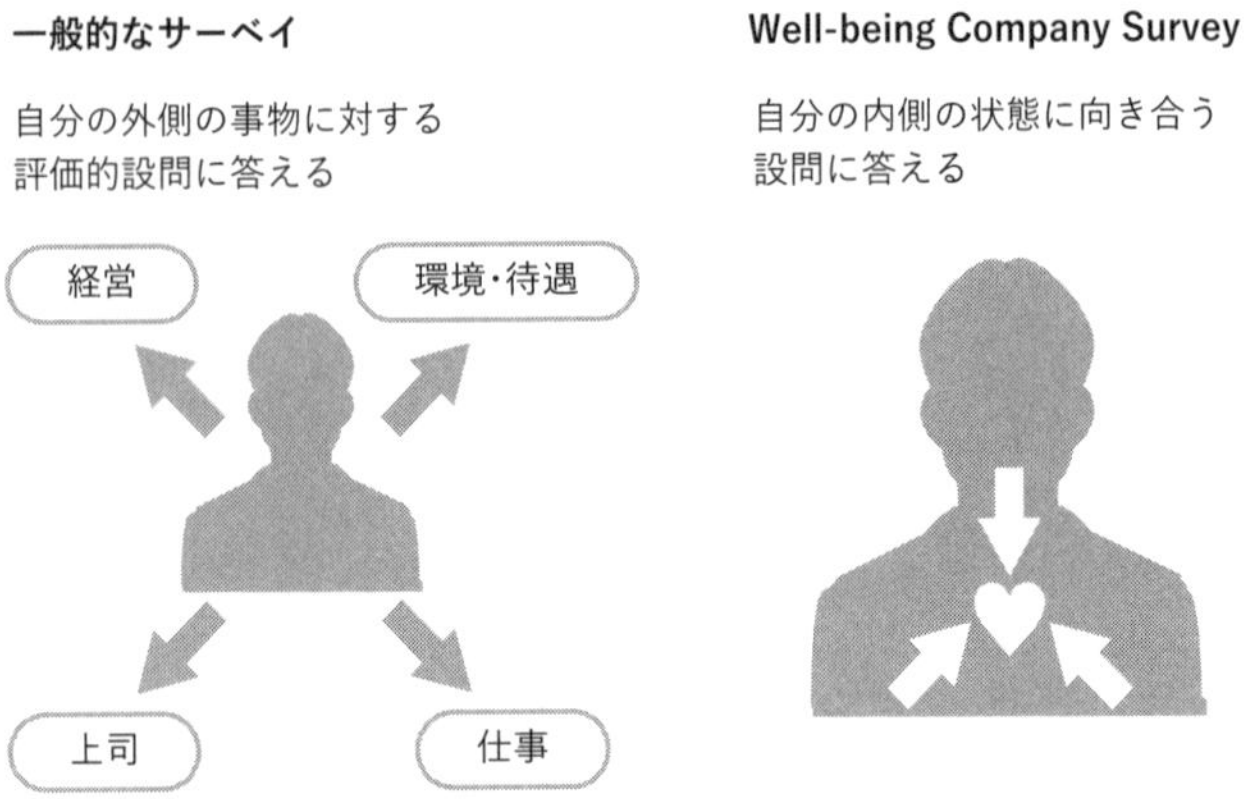

いるのかもしれません。

一方WCSは、「私は」から始まる、自分の中の状態について問う設問で構成されています。そのため、回答するときに、自分の「外」ではなく「内なる自分」と向き合い、振り返る、すなわち内省につながります。

その結果に対して自分自身で考える、また、マネージャーやチームメンバーと対話することで、さらに内省や自己開示が誘発されます。

それぞれの設問に対して、「自分はどういう状態になれば、この設問を『そう思う』と答えられるようになるのか?」「それは、何がどのようになったとき？」」のように、自分の価値観や状態について考える時間を持つことは、より良い状態に向かっていく上では非常に大切です。

さらにそれを、チーム内で議論したり1on1で上司と対話する習慣を持つと、自分で考え、アクションを起こす力が強くなっていきます。

私たちがこのWCSを用いて、従業員のウェルビーイングの状態を測定し始めたのは2020年です。初めて結果を見たときは、相当戸惑ったことをいまでも覚えています。それまで使っていた外部のサーベイは、先ほど述べたような自分の外側に対する満足度を問う設問を中心に構成されていました。そのため、その結果からは改善対象となるもの、例えばオフィス環境や上司の対応を改善すればいいのか、経営陣がもっとメッセージを出す必要があるのかなどがわかりやすかったのに、突然「私の内面はこういう状態です」という回答が出てくるのみ。「いったい何の対策を打てばいいの？」と途方にくれたこともありました。

しかし、何回か実施するとある意味開き直って、「これ、どういうときに『そう思う』って回答するのか、直接会話するしかないよね」ということになり、各マネージャーが、自分のチームでスコアが低く出ている設問について、「自分がこれに高いスコアを付けようと思うのは、どういう状態か？」ということを、チーム内で話し合う時間をもってもらいました。そういうことを続けていくうちに、だんだんとすべての項目のスコアが上昇してきたのです。

改めて、毎日自分の外側を相手に忙しく仕事をしている中で、自分の内面と向き合う時間や対話することの大切さと、その機会が少なかったことを思い知らされました。

チームの「幸せの状態」をグラフでチェック

WCSは、幸福の状態をさまざまな数値で可視化することで活きてきます。私たちはこのWCSを向上させることを、社長とその配下の管理職メンバーの目標としています。それぞれの部署が時系列で毎月の推移を確認しながらどうやってこの数値を上げていくかを考えながら行動に移していきます。大切なことは他の部署と比較しないこと。営業部署であれば営業成績によって一喜一憂することもありますし、お客様から厳しいご意見を受け

■ 図11　Well-being Company Surveyの結果と出社頻度の相関

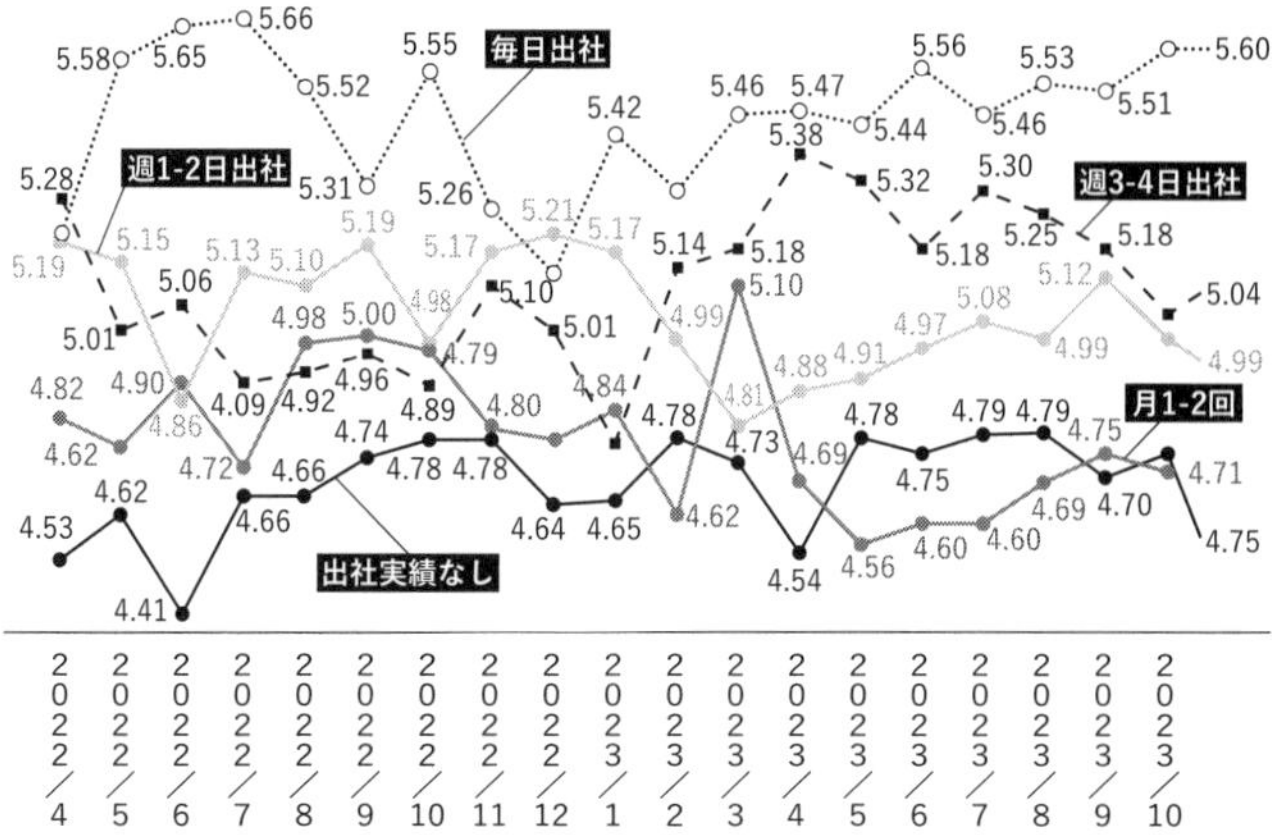

るような部署などはスコアが全体的に低く出る傾向もあるでしょう。そのような背景からいまの自部署の数値をどう高めていくかにフォーカスする必要があります。

また、WCSは仮説を用いて活用すると、なお効果的です。私たちの会社の場合は出社率とWCSには相関があることがわかりました。出社をしている人ほどWCSが高いという結果です。そこで思い切って週に一度は出社する方向に舵をきりました。当初は反対もありましたが、自分のためだけでなく、「他の人のためにも出社しよう」というメッセージを伝え、理解を促しました。結果として全体のＷＣＳのスコアが高まることになりました。

少し話は変わりますが、出社すると人や物事との偶発的な出会いがあります。心理学者のジョン・Ｄ・クランボルツ教授によって１９９９年に発表されたキャリア理論に計画的偶発性理論（Planned Happenstance Theory）というものがあります。ビジネスパーソンとして成功した人のキャリアは、ターニングポイントの８割が本人の予想しない偶然の出来事によるものだったことを示すものです。何気ない立ち話から話が盛り上がり、異動が決まるということもあるでしょう。偶発性を設計することも、従業員がウェルビーイングな状態に近づくためには必要なことといえるかもしれません。

定期的に観測することで現在の状態がわかる

ＷＣＳは、アンケートに答えることで、自分たち自身のウェルビーイングを高めていくサーベイだと述べました。

年末年始にゆっくりして、美味しいものを食べて、少し太る。でも体重計に乗って「あ、少し太ったな」と気付けば、「年末年始に食べすぎたからだな」「ちょっと食事に気を付けよう」「運動しようかな」と考えることができます。これが食べすぎた後に体重計に乗らなければ、次の健康診断まで気付きません。

同様に、ウェルビーイングも定期的に測定していれば、自分たちがいまどんな状態かがわかり、どうしたらいいのかを自分たちで考えられるようになります。

このサーベイの考えに賛同いただき、「ＷＣＳを自分たちでもやってみたい」とおっしゃるお客様も増えてきましたので、他の会社や組織でも自分たち自身でＷＣＳを実施できるように、ご案内しています。その際に、アンケートの頻度は決めていませんが、できれば月１回ほど実施してほしいとお伝えしています。私たちの会社は２０２０年11月から毎月実施しているので、合計35回（２０２３年10月時点）実施した計算になります。

先ほどお伝えした通り、幸せは、ゴールではなくて状態です。「来年の幸せを目指して頑張ろう」ではなくて、いまの状態を知る必要があります。それを測ろうと思ったら、年１回や半年に１回では少し粗いでしょう。

定期的な実施のためにも、12問という項目数が適していると考えています。ＷＣＳではなくても、従業員のことを考えた施策としてアンケートなどを実施する会社は多いのですが、アンケートを毎月取っている会社はほとんどありません。

その理由のひとつが、労力が大きいことです。世の中のサーベイにはたくさんの項目があり、中にはアンケートに答えるのに30分以上かかるようなものもあります。そうすると、なかなか続けられません。こまめに実施することを考えたら、1回あたりの労力は少ないほうがいい。12問であれば、毎月やっても負担にはならないでしょう。

例えば、新入従業員として入社したてであれば、スコアは高い状態でしょう。新入社員が配属されたチームがその後どのように変化していくのかを、人事担当者や上司が確認することができます。順調に維持できている、「成長」のスコアが上がっている、あるいは急に下がったのであれば、なんらかの問題があるはずです。それに気付けば、早いうちに対応できます。

第4章

ウェルビーイングの三角形①

対人関係

THE STRONGEST ORGANIZATIONS ARE CREATED BY WELL-BEING EMPLOYEES

上司と部下の信頼関係をつくる「1on1」

週に1回30分の「部下のための時間」

本章では、私たちが実施している1on1についてお話しします。

多くの企業で行われている1on1は、人事部発の定期的なものです。3カ月に1回、半年に1回、あるいは人事考課のタイミングなどで上司と部下との面談をする。それが評価につながっていきます。

私たちは、1on1とは心理的安全性をできる限り高めるための場だと考えています。端的にいえば、何かあったときに部下が上司にすぐに報告できる間柄を構造的につくることが狙いです。

では、どのように実施すればいいのか。私たちは、1on1を「上司と部下の双方がお互いに興味を持ち、お互いの話を傾聴しながら信頼感を高めるための時間」と定義しています。上司と部下が自己開示し合って、上司がしっかり聞く態度を示す。その繰り返しによって信頼関係が構築されていきます。

信頼した人からの評価は、納得度が高まります。悪い評価の場合、相手が信頼できる人でなければ、部下は納得できません。働きがいなんて感じられないくらいに腹が立つこともあるでしょう。上司が信頼を得ていると、評価やアドバイスに対する納得度が高まります。良い評価の場合も悪い評価の場合も、「もっと頑張ろう」と思えるようになるのです。

1on1の話題は「何でもOK」です。趣味の話、好きな映画、おすすめの家電、家族のこと。自分のキャリアについて話す人もいます。「これくらいの年収がもらえるようになりたいんです」といった話になれば、上司が一緒に他社のジョブディスクリプションを見ながら、「その金額ならこのスキルが必要だけど、現状ではどうかな？」「うちの会社でマネージャーを目指したほうがいいかもね」といったことまで話します。もちろん、仕事のトラブルや進捗について話すこともあります。

ただし、話題はすべて部下が選びます。部下が望めば業務上の指示やアドバイスをしてもいいですが、そうでない限りはNGです。仕事に必要なアクションの確認や進捗管理などのコミュニケーションは、別の時間で確保します。その時間を使って、「どこに旅行に行くのが楽しいか」といったプライベートの話から、仕事上のトラブルやキャリアの話など何でも話すことができます。コミュニケーションの頻度と質を高めることで、効果は高まります。たまに「面談してください」と言われてする1on1とは違います。

話しやすい関係を構造的につくる

部下から見ると、上司はいつも忙しそうです。「ちょっとすみません、この件を教えてください」とは言いづらい。そのため、トイレに行くときに話しかけたり、会議室に移動するところを狙ったり、なんとかタイミングを見て話しかけようとします。

上司のスケジュールを見ると、予定がぎっしり詰まっています。部下が見ても、それぞれの予定についてどれだけ重要なのか、自分が話そうとしていること以上に優先されることなのかといったプライオリティがわかりません。だから邪魔をしないように空いている時間を狙いますが、実際には上司の予定より部下からの報告のほうが大事だというケースはたくさんあります。

このように、部下が上司の様子をうかがいながらコミュニケーションしているケースが多いと思います。このことが、リスクにもなり得るわけです。

何かトラブルが起きたとき、その事象と解決策をセットで報告しないと怒られるような会社もあります。しかし、解決策なんてすぐには考えられません。「どう報告しようか……」と考えている間に、事態はどんどん悪化していって、より悪影響を及ぼすようになってしまうこともあります。

部下が上司に知らせることなく自己解決していたとしても、上司に知らせて対話していたら、上司の視点が加わって、より良い解決方法が生まれていたかもしれません。自分で考えることは重要ですが、やはり情報のキャッチボールが必要です。わからないことをすぐに「わからない」と言える関係のほうが、個人としてもチームとしても健全です。

何かあったらすぐに報告できる間柄をつくるには、お互いの関係がよくなければいけません。ただ、大人に「仲良くしなさい」と言っても仕方ありません。会社として何でも言える間柄にする仕組みを構造的につくる必要があります。

そのためには、コミュニケーションの質と頻度が重要です。質とは、部下が話したいことを話せるようになること。そのため、上司は話しすぎないように、発話量を30％以内にします。頻度は、1週間に1回30分のコミュニケーションを繰り返すことで、普段から話しかけやすい関係をつくることができます。そうすることで、気付いたことをすぐに報告できたり、不安や心配に思っていることを気軽に話せたりするようになる。その結果、部下の成長に寄与できる時間になっていきます。

従業員の声

広報部：入社2年目

「たった30分の時間が、仕事をスムーズにする」

1on1の時間があるからこそお互いを深く知ることができ、すれ違いや方向性の大きな読み間違いが起きにくい環境をつくれています。上司といえど、人間です。お互いの趣味や世間話、会議のときだけでは分からない「人間味」を知ることで、仕事を円滑に進める上でプラスになっていると思います。

また、一週間単位でしっかり相手と話す時間があることで方向性を見直せるから、安心して一週間を走り抜けることができると感じています。

あの時間があると思うと、無意識に安心しているところはありますね。何かあっても1on1のときに相談してみようと思えます。一方で急ぎの場合は、「すぐにチャットで相談しよう！」と上司に声をかけるタイミングの判断もつきやすく、一人で無駄に悩むことなく仕事がスムーズに進みます。

1on1で急な退職や失注のリスクを回避

前述のように、上司と部下の関係性が構築されることについて、経営的なメリットとしてリスクの予測や回避ができるようになります。

一番のリスクは従業員の急な退職です。退職する従業員はたいてい、突然「申し上げづらいのですが……」と切り出します。突然空いたポジションに人を採用し、育てていくのは大変です。

それが、1on1をしていると、普段からなんとなくサインを送ってくれます。「ちょっと他の会社が気になっています」「僕は本当はこういうことをやりたいんです」といった話題が出てくる。そこで相談に乗れば、辞めるという決心をしないかもしれません。辞めるとしても、早めに手を打つことができます。

それに、急な失注やトラブルにも、予兆があります。「お客様の顔が曇っていた」「電話が通じづらくなった」「会ってもらえなくなった」。はっきりと問題になっていなくても、小さなことが積み重なって、担当者は不安を覚えるようになります。

そうした予兆は、得てして感覚的なものです。しかし、会議の場ではロジカルなことでなければ発言しづらい。「すみません、あのお客様の顔が曇っていたので、失注するかもしれません」と言えば、上司に「何を言っている。もっと論理的に説明してほしい」と言われてしまいます。

それが1on1の場合には極端な話、「失注する夢を見ました」と言ってもいいわけです。そうすれば上司は、「何か心配事でもあるの？」「不安を感じているからそういう夢を見るんじゃない？」と聞いてくれます。そこから、「実は最近お客様が会ってくれないんですよね」と言えば、「じゃあ一緒に面談に行こうか」「私から連絡しておくね」と、手を差し伸べることができます。

このように、リスクの予測ができることで、トラブルが起きる前に対応できます。私たちが1on1を始めたとき、マネージャーの中には「時間がかかって大変です」と言う人もいました。しかしリスク回避ができることを実感するようになってからは、そうした発言もなくなりました。

1on1の時間よりも、トラブルに対応する時間やコストのほうが膨大です。事前に察知し回避することで、お客様にも、従業員にも、会社にも、与える影響を極小化できるのです。

従業員の声　**本部長・エンジニア職：入社12年目**

進捗管理もスムーズに

1on1は部下が話題を選ぶのですが、業務の話題を選択されることもよくあります。毎週の1on1に時間を使っていますが、その分、部下の業務の透明性は上がりましたし、おそらく部下も業務の相談をしやすくなったと思ってくれています。業務上で少しだけ気になったことのためにわざわざ会議を設定するのも、部下からするとハードルが高いですよね。それに、「会議」となると、どうしても固い雰囲気になってしまいます。「ちょうど今日の午後に1on1があるから、そこで聞こう」といったように、上手に使ってくれているのだと思います。

効果的な1on1を実現するツール

心理的安全性の向上のために始めた1on1でも、なかなかうまく定着させることができない企業も多いのではないでしょうか。私たちの会社も例に漏れず、そうでした。

何を話したら良いかわからず、細かなタスク管理が始まり、説教の時間に変わる。いわゆるオレオレ上司の出現。そんな上司をなくすために研修で傾聴トレーニングを実施するなどして対策を打ちますが、効果は継続せず、またオレオレ化。そんな中で最も効果があったのは発話量の測定機能がある1on1ツールでした。当初は対面での1on1用としてつくったツールですが、コロナ禍で形を変え、いまなお私たちの1on1を支えています。

コミュニケーションの入り口をつくる

それでは、ここから具体的に1on1のやり方を紹介します。

私たちは、自社開発の1on1ツールを使っています。まず、部下はコミュニケーションポータルにある上司のページに行って、「リモート1on1」というボタンをクリックします。すると簡単な質問が表示されます。

「体調はどうですか?」
「仕事量はどうですか?」
「モチベーションはどうですか?」

これらに対して部下が10段階で回答し、上司にはその結果が届きます。

第3章で紹介したWCSでも同様ですが、人によって平熱が違うように、通常どんな精神状態なのかも人それぞれです。いつも9点を付ける人もいれば、6点の人もいます。1on1のアンケートもその瞬間の点数ではなく、変化を見るものです。

上司はメンバーが普段どれくらいの数字なのかを認識した上で、1on1を始めます。例えば普段よりモチベーションの数字が小さくなっているのであれば、「何か困っていることがあるのではないか?」と考えることができます。部下から合図を出せる仕組みです。

■ 図12　部下はあらかじめ「話したい話題」と「希望の対応」を選ぶ

①「話したい話題」を選ぶ　　②「希望の対応」を選ぶ

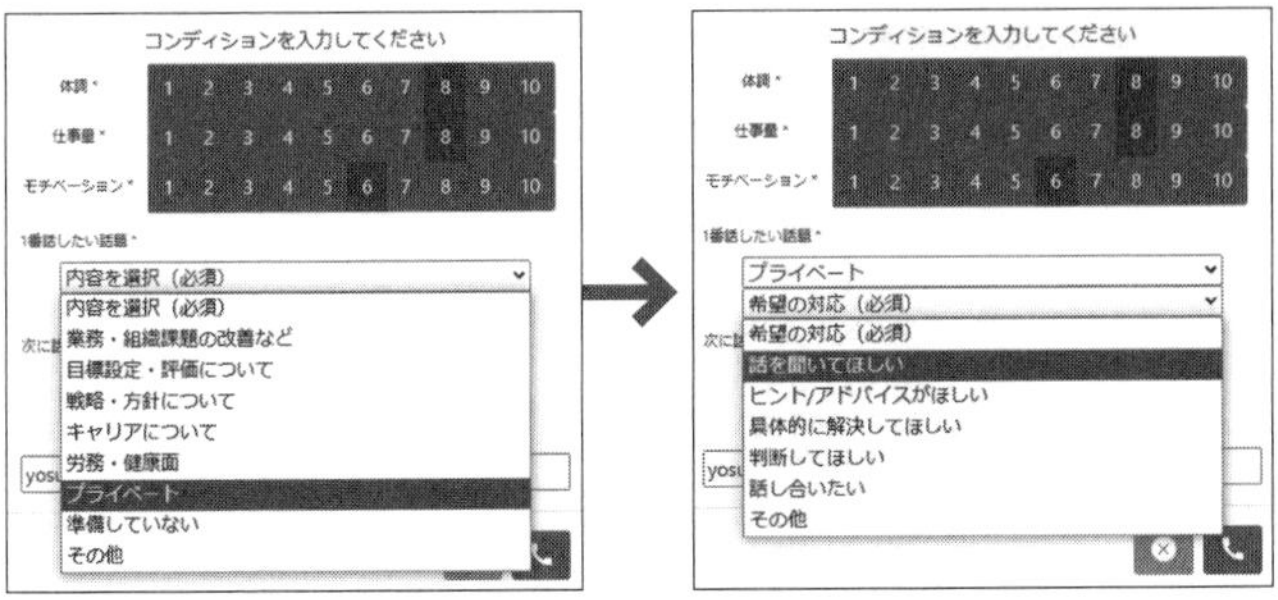

加えて、部下がどんなことを話したいか1on1を開始するときに選択できる機能もあります（図12）。例えば次のような選択肢があります。

「仕事について話したい」
「プライベートについて話したい」
「何も考えていない」

こうして1on1を始めて、本当に話す内容がないときには、「最近あった嬉しい出来事は何ですか？」「尊敬する人物は誰ですか？」など、ランダムに質問をつくってくれる機能もあります。

また、その話題を話したときに上司にしてほしい行動をあらかじめ意思表示できる機能もあります。対応を事前に合意しておくことで、「自分の話を聞いてほしかったのに、上司のアドバイスを聞く時間になってしまった」といったズレが起こりづらくなります。

具体的に褒めることで成長実感を高める

1on1を始める際、上司の画面では、部下が最近贈ったりもらったりした「サンクスカード」がわかるようになっています（図13）。サンクスカードとは、従業員それぞれが好きなタイミングで別の人に「ありがとう」を伝えられる仕組みです。

サンクスカードにはいろいろな狙いや効果がありますが、1on1ではアイスブレイクの話題探しや事前に相手を知ることに役立ちます。サンクスカードを見ておくだけでも「このサンクスカードはどんなことだったの?」と話題にできます。サンクスカードに書いてあることはすべていいことなので、自然と話す内容もポジティブなものになります。

それに、メンバーの行いを知ることで、上司に部下に対するリスペクトが生まれる効果

■ 図13　サンクスカードが表示された1on1の画面

もあります。「この人すごいな」「こんなことをやっているんだ」「こんな人とリレーションができているんだ」と感心することもあるでしょう。

感心したことを褒めれば、ウェルビーイングに不可欠な成長実感を高めることにもつながります。成長実感を持たせるためには、具体的に褒めることが大切です。「上手くやっているね」ではなく、「こんなことをしてあげたんだね」「この部分がいいね」と、行動に対する称賛を具体的にすることで、「自分のやっていることを理解してくれている」と感じてもらうことができます。

上司と部下の適切な発話量

「1on1は部下のための時間」「話題は部下が決める」とお話ししましたが、実際にやってみるとやはり、自分の話ばかりする上司が出てきます。悪気はなく、いろいろと伝えてあげたくなるのですね。ただ、それだと部下のための時間にはならないので、基本的に上司と部下の発話量が「30％：70％」になるようなルールを設けています。

私たちが自作したリモート1on1ツールでは、接続し、対話を始めて30〜40秒ぐらいすると、画面に発話状態が表示されます（図14）。どちらがどれだけ話しているかがわかるもので、数字を見て「いま自分が話しすぎているな」とわかります。また、過去の発話状態もわかります。

ただ、この数字にあまりこだわりすぎないほうがいいと現在は考えています。「上司が部下の話をしっかり聞く」だけでは、部下は満足しないこともあるからです。

メンバーが話を聞いてほしいのであれば、傾聴に意識を向け、たくさん話してもらえる

■ 図14　1on1ミーティングの発話割合を表示する画面

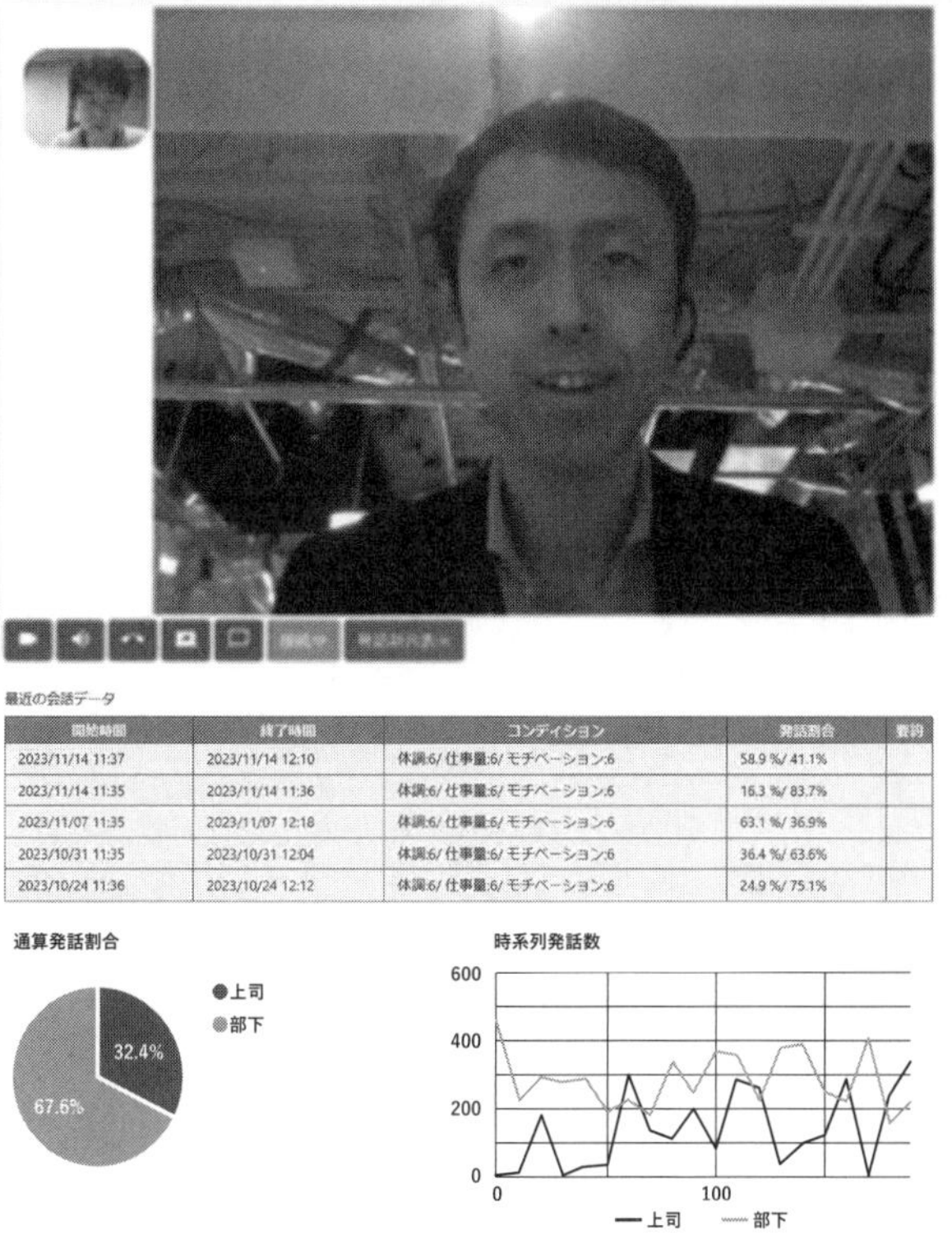

最近の会話データ
開始時間
終了時間
コンディション
発話割合
要約
2023/11/14 11:37　2023/11/14 12:10　体調:6/ 仕事量:6/ モチベーション:6　58.9 %/ 41.1%
2023/11/14 11:35　2023/11/14 11:36　体調:6/ 仕事量:6/ モチベーション:6　16.3 %/ 83.7%
2023/11/07 11:35　2023/11/07 12:18　体調:6/ 仕事量:6/ モチベーション:6　63.1 %/ 36.9%
2023/10/31 11:35　2023/10/31 12:04　体調:6/ 仕事量:6/ モチベーション:6　36.4 %/ 63.6%
2023/10/24 11:36　2023/10/24 12:12　体調:6/ 仕事量:6/ モチベーション:6　24.9 %/ 75.1%
通算発話割合
上司
部下
32.4%
67.6%
時系列発話数
600
400
200
0
0
100
上司
部下

ようにする。ヒントやアドバイスが欲しいということであれば、逆に上司の発話のほうが多くなります。あるいは何かについて話し合うのであれば、50%：50%といったことになるでしょう。加えて、上司の自己開示も大事です。よく知らない相手から好きなことを話していいと言われても難しいものです。

いずれにしても、単純に数字で測るのではなく、メンバーの気持ちを汲み取って対応することが大事です。どんなことを聞いてほしいのか、どんなことを聞きたいのか、そのときどきの部下の状況を考えて対応する。そうして何でも言い合える関係づくりを進めていくのです。

従業員の声

部下にとっても上司にとってもタイパのいい仕組み

部長・人事職：入社4年目

1on1の仕組みによって、定期的に話すタイミングを持てることは、メンバーにとっても、マネージャーにとっても、とても大きなメリットがあると思います。

メンバー目線では、マネージャーの忙しい時間を縫って「ちょっといいですか？」と話しかけるハードルを越えなくてすみます。上司からすると、仕事の進捗を「あれどうなった?」とわざわざ確認しなくても、メンバーからの話や悩みを聴く時間を定期的に持つことで、自然と状況を把握することができる。お互いにとって、とてもタイムパフォーマンスのいい制度だと思います。

1on1 の効果を測定するアンケート

「あなたのための時間だと感じましたか？」

30分話して1on1が終わり、終話ボタンをクリックすると、上司の画面は次の相手との1on1に向けたスタンバイ状態になります。メンバーの画面は、自動的に「1on1アンケート」のページに飛ぶようになっています。

「この1on1は、あなたのための時間だと感じましたか？」

「この1on1で、あなたの気持ちがすっきりしたり、次の行動を起こそうという気持ちになりましたか？」

■ 図15　アンケート結果の推移

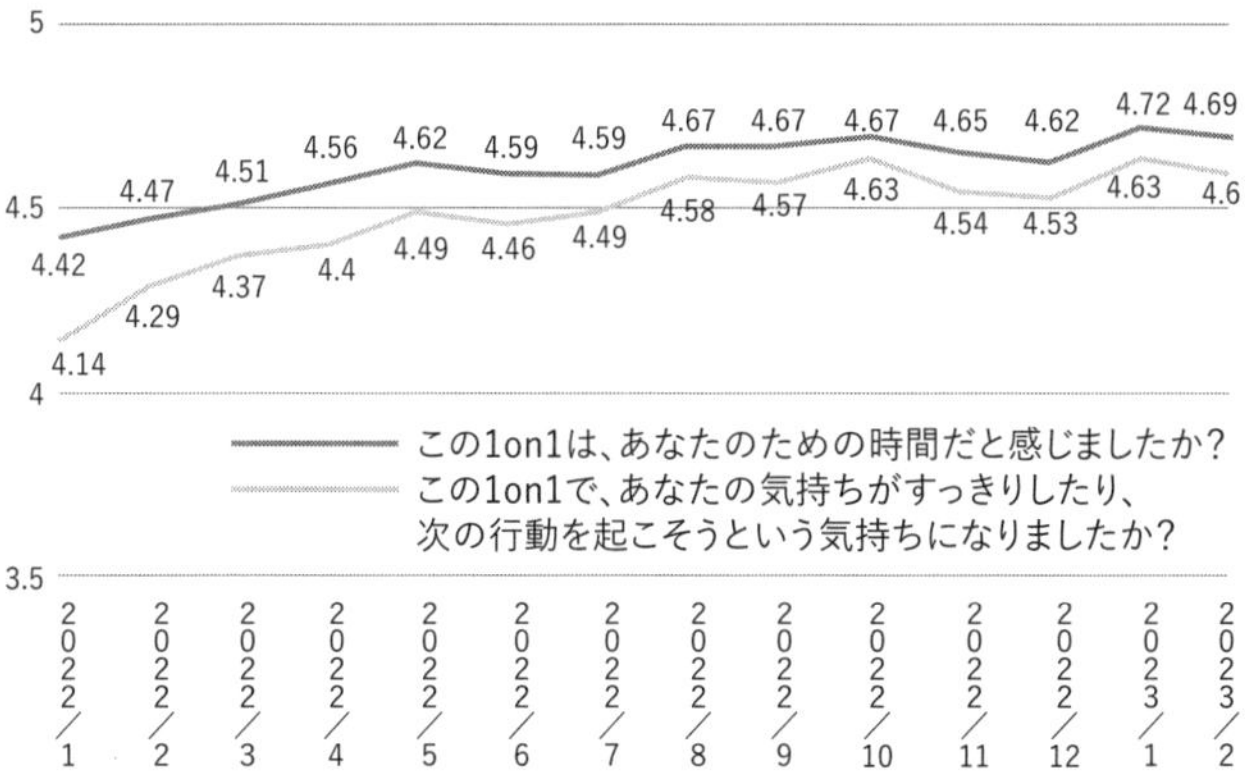

こうした質問に、7段階（調査時点では5段階）で回答します。

私たちは、上司と部下の関係構築が進んでいけば、それだけ組織力が強化されていくと仮定しています。ただ、どれくらい組織力が強化されたかは定性的な情報なので、評価することが難しい。そこで、いまどれくらいなのかがわかるようにアンケートで数値化しています。

まず、図15は、アンケート結果の推移です。この例では、継続的な実施で部下の満足度が徐々に向上していることがわかります。

この結果だけでも、1on1を実施する意

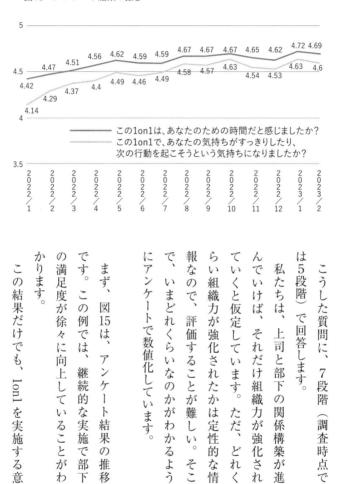

■ 図16　1on1アンケートの結果と上司への信頼尺度は強い相関あり

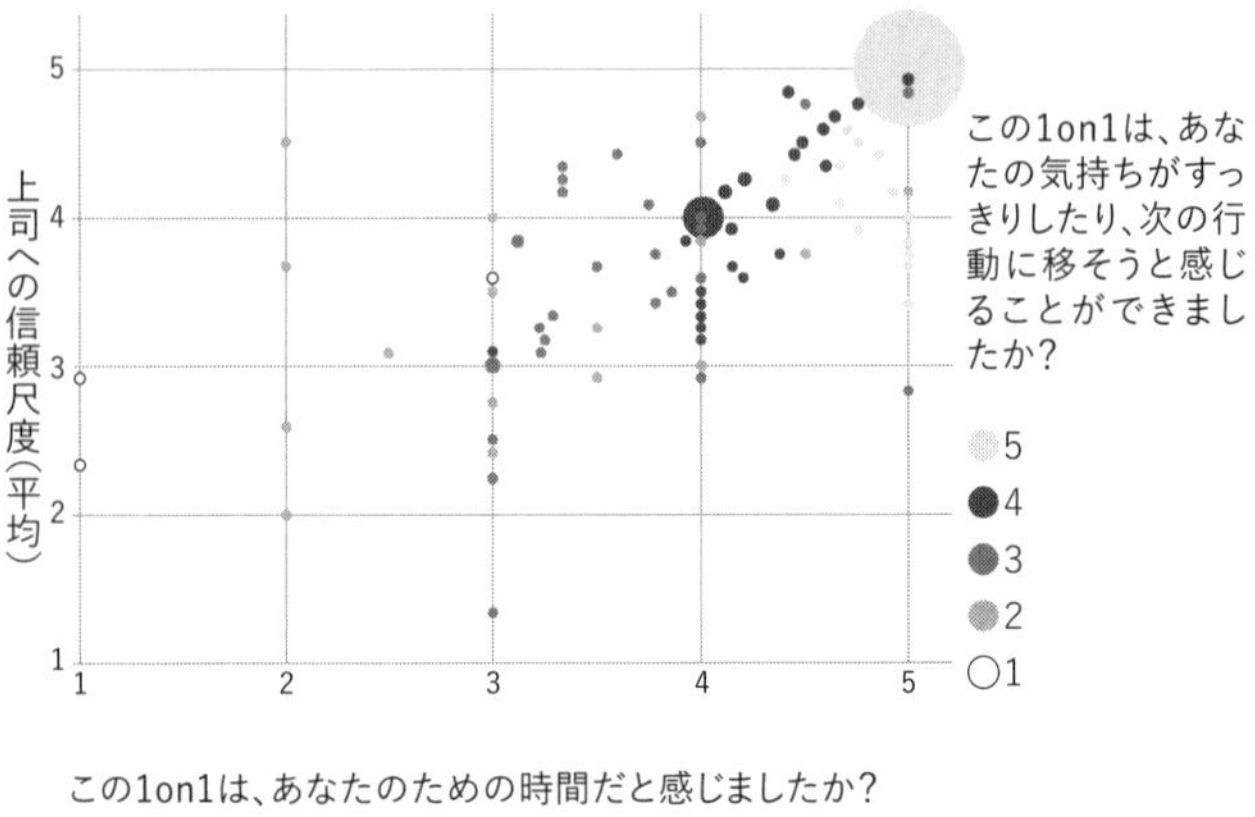

義があることがわかりますが、このアンケートから何が見えるか、1on1にどのような効果があるか、より詳細に見ていきます。

図16はアンケート結果と上司への信頼感の相関関係です。相関係数は0・85になっています。このグラフが正比例の線に近ければ（相関係数が1に近ければ）、正の相関関係が強いと考えることができます。

この結果から、1on1を継続して実施することで1on1の満足度が向上し（図16）、それとともに上司への信頼感が高まっていくことを期待できる（図17）といえま

■ 図17　上司を信頼しているメンバーは心理的安全性が高い

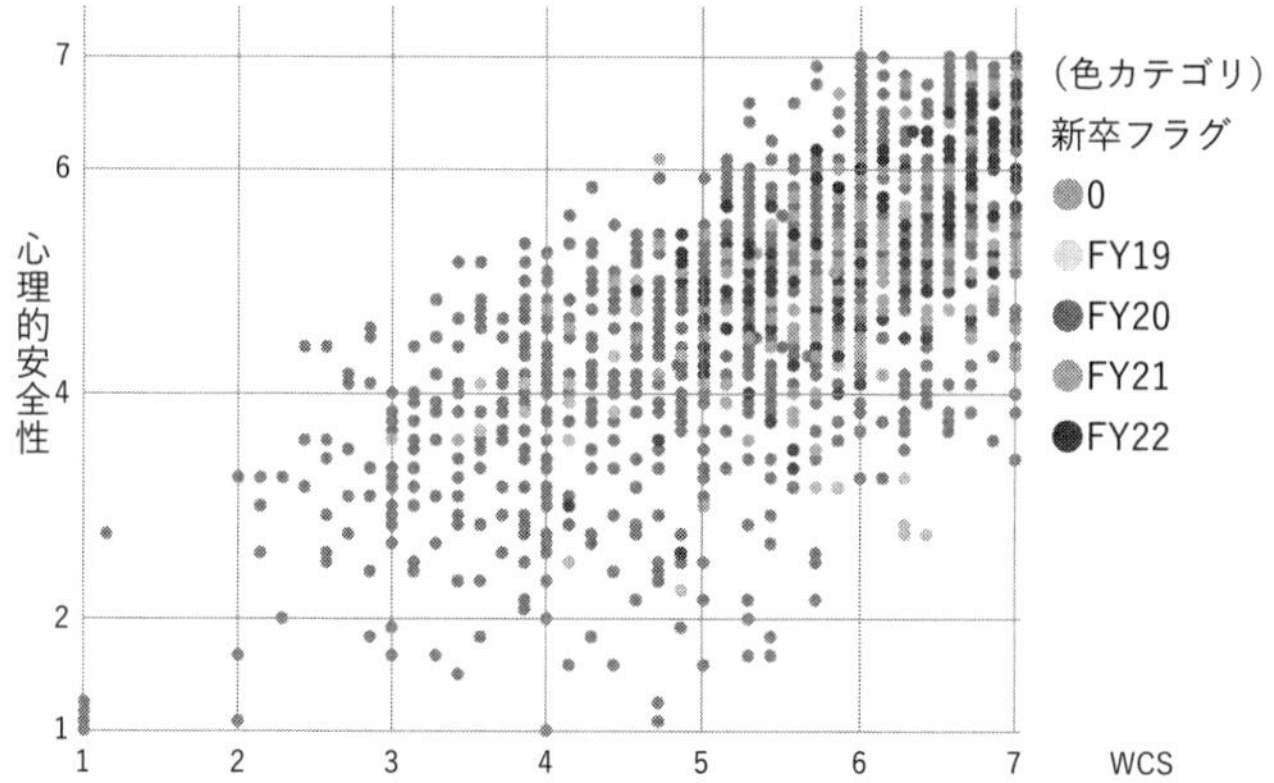

す。もちろん、上司への信頼感がもともと高いことによってアンケート結果が高くなっている可能性もあります。

続いて図17は、上司への信頼感と心理的安全性との相関関係です。相関係数は0・59になっています。この結果から、上司を信頼しているメンバーは、心理的安全性が高いと感じている傾向があることが見てとれます。

最後に、次頁図18は、心理的安全性とWCSのスコアとの相関関係です。相関係数は0・7になっています。この結果から、心理的安全性が高いと感じているメンバーは、WCSのスコアも高い（よ

■ 図18　WCSスコアが高いメンバーは心理的安全性が高い

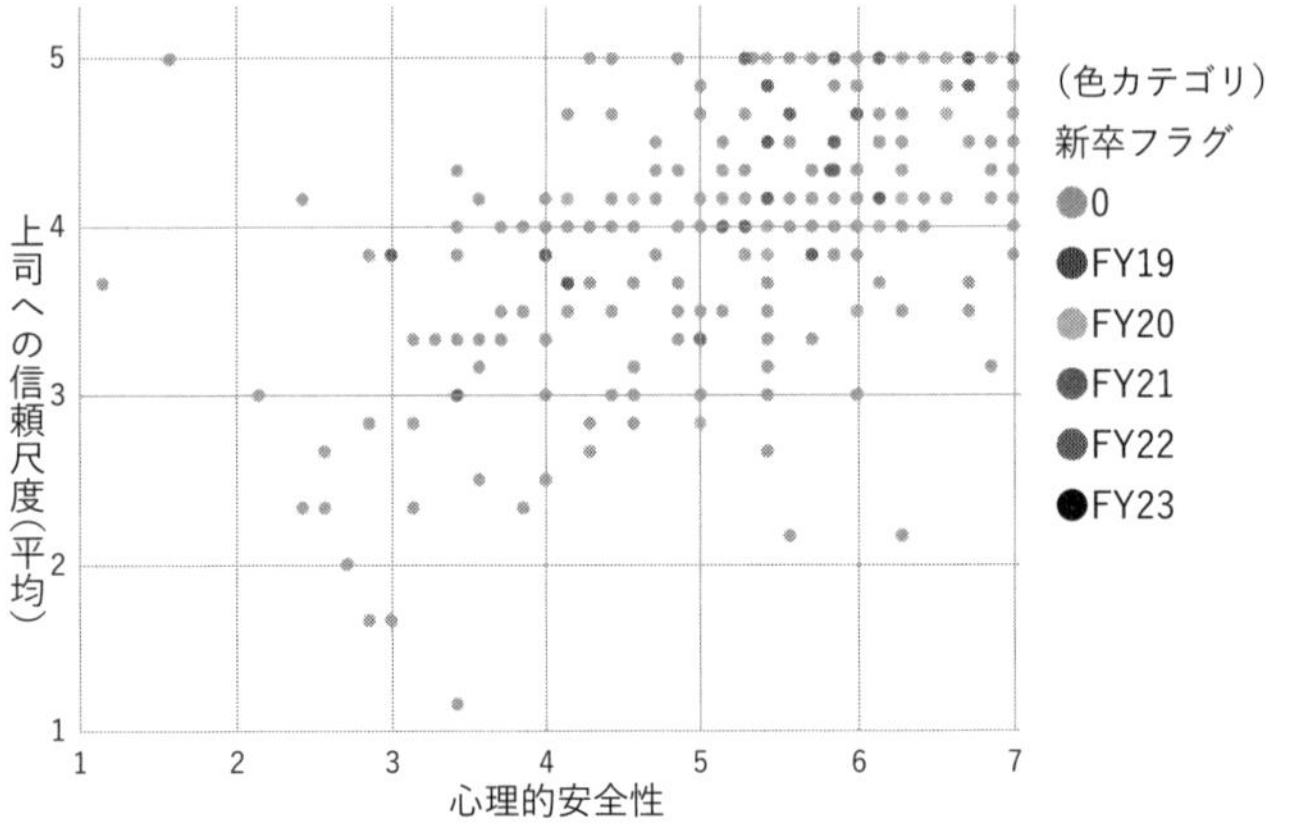

りウェルビーイングである）傾向があることが見てとれます。

このように、部下と上司の1on1を継続的に実施することにより、上司への信頼感が高まり、心理的安全性が高まり、そして、ウェルビーイングにつながることが期待できます。もちろん、もともとウェルビーイングな状態であることが1on1アンケートの結果に反映されている可能性もあります。因果関係があるとまではいえませんが、少なくとも、これらの分析で用いたそれぞれの要素には、相互に良い影響を与え合う円環的な関係があり、取り組む意義が大きいと考えています。

マネージャーに求められること

私たちの会社では、1on1アンケートのスコアは、上司やその上層部にも個人を特定した形ではわからないようになっています。結果を記名で確認できるのは、ウェルビーイング経営を推進する部署のメンバーだけです。そこから状況に応じて、匿名の状態で役員3名には開示しています。いずれは記名で言い合える状態にしたいと考えてはいますが、やはり慎重に検討していくべきところだと現時点では判断しています。

例えば、どのマネージャーが平均どれくらいの数値の回答を受けているといった情報を、役員は知ることができます。少しずつでも上がっていれば問題ありませんが、下がったのであれば何かしらの理由があるはずです。それについてマネージャーに何かアドバイスや指導をするかどうか判断します。

ただ、1on1についてリーダーに常に求めているのは、アンケートのスコアではなく、その確実な実施です。

1on1が実施されていない場合、上司に対して状況を確認し、内容によっては指導を行います。1on1は、部下が望む限り、絶対に実施しなければいけません。自分の仕事を調整して時間を捻出することはもちろんですが、部下がその時間をつくれないというのであれば、仕事を詰めすぎて時間を取れないような環境を改善するように上司と対話します。

実際には休日があったりイベントがあったりするので、週によって実施率もバラつきがありますが、私たちの会社の場合、実施率の平均は90％弱になっています、

部下が自分のための1on1の時間だと感じたときに、部署のウェルビーイングのスコアには正の相関が表れます。1on1をそのような時間になるように設計すべきと考えています。

従業員の声　**部長・営業職：入社4年目**

メンバーの状況に合わせてフォローできる

私のチームは、意図したわけではありませんが、全員が女性メンバーです。それぞれが自己開示が上手で、プライベートのことから直近の商談の話まで、幅広く1on1の話題に挙げています。

メンバーの中には、1on1を業務以外のプライベートについて話す時間と決めている人もいます。「仕事の話はそれ以外の時間で聞いてもいいですか?」と別の時間を提案してくれることもありますし、1on1のタイミングで以降の予定を聞いてくれることもあります。

一方で、仕事に余裕がないときは、第一声から「ちょっと聞いてもいいですか?」と業務の話を始める人もいます。そういうときは1on1の時間を少し伸ばしたり、1on1の後に時間を取ったりします。おしゃべりだけで終わる日のほうが多いですが、そういうときはきっと仕事に余裕があるんです。だからこちらも安心です。

1on1は「人を知るためのプロセス」

傾聴の意識がなければ共感は生まれない

質の高い1on1のために必要なのは、やはり上司の意識です。毎週、上司に「それで、今日は何話すの?」と聞かれたら、何を話そうか悩んでしまったり、そこから憂鬱な気分にもつながってしまうかもしれません。「わざわざ話題を考えなきゃいけないの?」といったことになってしまえば、面倒な時間にしかなりません。

相手が何を話していても、「聞こう」という意識がなければ共感は生まれません。いまはリモート会議が主流になって、パソコンを持ち込むことが当然ですが、以前、私たちの会社では上司と部下の1on1ミーティングでは「上司はパソコンを持つな」と指導していました。

部下が話しているのに、まったく部下を見ずに、ずっとパソコンを操作している。上司は「話をメモしているんです」と言いますが、話している部下からすれば、聞いていないのと同じです。

他にも、オンラインの場合にリアクションを大きくする、といった小さなことも大切です。「傾聴」のテクニックを挙げればキリがありませんが、そうしたことを覚える以上に、「ちゃんと聞いているよ」ということが相手に伝わるよう、いろいろ工夫する態度が必要だと思います。

それに、マネージャーは常に上機嫌でいることが大事です。精神的に強くなければいけませんが、どれだけ辛いことがあっても、不安なことがあっても、部下の前ではまずは笑顔を見せること。部下が上司のご機嫌を伺っているようでは、部下は話しづらいでしょうし、コミュニケーションの効率が悪いからです。

何より大切なのは相手に興味を持つこと

何より大切なのは、相手に興味を持つことです。マネージャーに必要な資質をひとつ挙げるとすれば、これだと思います。最初はメンバーのことがよくわからなくても、興味を持ってコミュニケーションを重ねる中で、お互いの人間性やどんな背景で働いているのかがわかるようになります。

そうして話す総量が増えることで、共感しやすい部分が増えていきます。この人は映画の話題で盛り上がるな、この人は健康の部分で考え方が合うな、食事の話だな、旅行だな、野球だな。そんな「共感ポイント」を見つけられるようになります。

共通点を探すのも面白い過程です。最初はまったく合わなそうな相手でも、何かが似ていた、同じだった、ということがわかると、とても仲良くなれます。みなさんも経験ありますよね？　実は同じ町の出身だったり、共通の趣味を持っていたり、苦手なものが一緒だったり。

私たちの会社のあるマネージャーは、メンバーのことをより深く理解したいと考えていたのですが、なかなかうまくできなくて苦労していました。そこで見つけた糸口が、マーベルの映画でした。

1on1の中でそのメンバーがマーベル映画を好きだと知り、おすすめの作品を聞いていました。それを全部見たら、マネージャーもマーベル映画を大好きになりました。映画について話している間に、相手が好きなキャラクターがわかれば、「そういうところに共感する人なんだ」「こんな場面で泣く人なんだ」といったことがわかるようになります。そこからは、もう話題に困りません。

やはり、ある程度の努力は必要です。ここで紹介したマネージャーは、もともとは好きではなかった映画を全部見たわけです。しかし、歩み寄ろうと思っている限り、共通点は必ず見つかります。極端にいえば、出身地が西日本と東日本ぐらいのざっくりとした共通点でもいいと思います。

また、1on1は部下のための時間ですが、良いコミュニケーションができるよう、上司だけではなく、部下にも頑張ってほしいところがあります。特に「自分がいまどう思っているのか」を言語化して伝えることが大事です。1on1のスタート時に、いまの体調や仕事量について答えるという仕組みは、それを促す材料になっています。

適切な「部下の数」とは

「時間が足りない」を理由に諦めてはいけない

1on1をうまく実践できない原因のひとつとして、部下の「数」の問題があります。部下全員と1on1をするのに必要な時間は、部下の人数に比例します。私たちの会社でも同様で、特に開発の部署では1人のマネージャーに対してたくさんのエンジニアがついていますが、当初、開発の部署のマネージャーがすべてのメンバーと1on1をするのは時間的に難しい状況がありました。

そこで、ベストな方法だとはいいきれませんが、マネージャーとは別にチームリーダーのようなポジションをつくって、マネージャーが対応しきれないときは、その人が代わりに1on1を行うというルールにしました。ただし、やはり本質はマネージャーが行うことにあります。チームリーダーが代行するのは週に2人まで、あるいは月1回は絶対にマネージャーが行う、というように調整しました。

優先したのは、メンバー一人ひとりと1on1を毎週する状況を絶やさないということです。チームリーダーを設けたのは経過措置で、最終的にはマネージャーが対応できるように整えていきましたが、「メンバーが多いからやりません」とあきらめてしまえば、何も変わりません。

こうした課題は特に製造系の企業に多く、私たちのお客様の会社では、1人のマネージャーに対して、20人の部下がいるといったケースもありました。そうなると、マネージャーは週に10時間を1on1に充てなければいけないことになります。これはさすがに無理があるでしょう。

こうした場合は、頻度や時間を減らすことでコントロールするという対策がありますが、やはり構造を変えることも検討すべきです。

Span of Control 7

私たちの会社では、「Span of Control 7」といって、一人の上司に付く部下の数は7人までというルールを設けています。1人の上司に対する部下の数が多すぎると、1on1に限らず、一人ひとりに振り向けられるリソースが少なくなってしまいます。

以前、「フラット型の組織」が注目されました。一人の上司に多くの部下が並列で配置されるものです。当時は効果的だった面もあると思いますが、現在ではナンセンスになっていると考えています。

フラットな組織が流行ったのは、階層が増えると現場の情報が上層部に伝わりづらくなるからです。しかし、各階層ごとに上司と部下が1on1を頻繁にするなどして信頼関係を築き、情報をスムーズに共有していければ、その課題は解消できますし、現在のようなVUCAを前提とした時代において、情報やそれをもとにした思考・意思決定が、数少ないリーダーに集中することはむしろリスクが増すともいえます。

そして、階層化された組織で、経営層と現場がバラバラの方向に動いたり、リソースが適切に分配されなかったりすることを防ぐのが目標設定（第6章で紹介するV2MOM）だと考えています。V2MOMとSpan of Control 7の組み合わせが、従業員の成長をサポートする最高の組織モデルです。

1on1はなぜ形骸化しがちなのか

「1on1と進捗とどっちが大切なんだ」

私たちが1on1を始めたのは、2017年の秋です。会社として成長し、従業員が100人くらいになってきたところで、さまざまな問題が起きるようになりました。当時はIPOを目指して頑張っている時期でもあり、少し無理な働き方もしていました。そうすると、それまで潜在していたリスクが顕在化してきます。

特に大きかったのは、経営層のメッセージが現場に伝わらないことです。「こうしたい」と一方通行で言っていても、現場の従業員はそれぞれ課題を抱えていて、そこにズレが生じる場合もあります。例えば「品質を良くしよう」といっても、現場では「納期が大変なんだ」ということになる。「あちらを立てればこちらが立たず」の状態でした。

こうした問題を解決するには、やはりお互いがお互いを理解するしかありません。でもそのために、経営者が100人それぞれと話すわけにもいかない。そこで、メンバーの持っている疑問や課題をその上司が理解し、その上司のことについては、さらに上の上司が理解するというコミュニケーションのスキームをつくることにしました。

最初は、「1週間に1回30分の1on1を実施し、話す内容は何でもOK」とだけ決めました。すると「オレオレ上司」が出現してきます。部下の話は聞かずに、「俺だったらこうやる」「もっとがんばらなきゃだめだ」と一方的に話す。

あるいは、マネージャーになりたての人で多いのが、部下のアクションをエクセルで管理する方法です。毎週「これやったのか」「あの件はどうなったんだ」と、一つひとつチェックします。

いずれにしても、マネージャーはそれがマネジメントの仕事だと思いがちですが、部下からすれば、たまったものではありません。そうして、1on1は部下たちにとって「面倒くさい」「また怒られるんじゃないか」といった、ネガティブな感情を呼び起こす対象になってしまいました。

こうした課題を構造的に変えようと、外部に頼んで1on1のトレーニングをしたこともあります。しかし、数百万円かかったのに、しばらくしたらまた元に戻ってしまいます。「傾聴が大事だ」と教わり、みんな仕事に余裕があるときは意識しますが、忙しくなってくるとそれどころではなくなります。「1on1が重要なのはわかるけれど、進捗を遅らせないことと、どちらが大事なんだ」と考えるようになるわけです。

効果がわからないから「やれ」と言いきれない

ルールや仕組みはそれぞれですが、1on1をしている企業は近年増えています。また、リモートワークの増加に伴い、上司が部下の様子を知る必要性もたくさんの人が感じているでしょう。

けれども、多くの場合私たちが過去通った道のように、課題を感じている方も多いのではないでしょうか。その最も大きな原因は、「やらされている感」でしょう。人事にやれと言われたから、よくわからないけれど仕方なくやっている。「1対1で会議すればいいんだよね」といった意識で1on1をしている場合が多いのではないかと思います。

人事も、1on1の効果の理解が十分でないから、「必ずやりましょう」というところまで言いきれません。従業員の負担になるだろうからと、曖昧な形で始まります。

そうして部署によって月2回実施したり半年に1回だったりと、管理が徹底されなくなります。結局は考課面談と同じような扱いになってしまいます。

ルールを徹底し、ツールとプレイスを準備する

1on1に限らず、新しいことを始めると必ず抵抗や課題が生まれます。それを乗り越えて取り組みを実践し、最大の効果を生むために、第2章でお話しした「ルール」「ツール」「プレイス」の大切さがあります。

私たちの会社の場合、まずは1on1をするという明確なルールをつくり、社内に向けて意識付けていきました。マネージャー向けのミーティングや全社ミーティングで、経営層が定期的に1on1の意義について伝えています。また、先述の通り1on1の実施状況につ

いてもトラッキングし、マネージャーへ毎週リマインドしています。そうして、取り組みの当初から、社内で1on1という取り組みが注目されている雰囲気をつくりました。

マネージャーの中には、V2MOMの中に「1on1をやりきる」といった目標を設定する人も出てきました。V2MOMに設定したら、当然評価に反映されます。その目標設定は他の人たちからも見えるので、「あの人は本気なんだな」とわかる。そうしたところから、社内での1on1の存在感が大きくなっていきました。

また、部下のための時間になる1on1を確立できたのは、発話量を測るツールがあったことも大きな要素です。上司からすると自身の発話量が見えるので傾聴できているかは一目瞭然。納得感の面でも効果を発揮しました。

それから、プレイスがあることも重要です。

私たちの会社が1on1を始めたとき、会社内の会議室は、お客様を招くことができる大きな会議室が2つしかありませんでした。いつもなかなか空きがありませんし、広い部屋を1on1のためだけに使うことにも抵抗があります。

そこで、やむなく社外で1on1を行っていました。マネージャーたちは会社を出て、近所の喫茶店に散っていきます。そこにメンバーが入れ代わり立ち代わりやってくる。メンバーはよくても、４人続けて1on1をするような上司は何度も飲み物を注文して、お腹がタポタポです。

それに、喫茶店のように周囲に人がいる環境だと「話が聞こえてしまうかもしれない」という意識が働きます。やはり、本当に話したい内容を自由に話すという雰囲気ではありません。

そのようなことからしっかりと場所を整えることが必要だと考えていたとき、ちょうどオフィス移転をすることになりました。移転計画の中に「1on1をやるための場所を絶対につくる」と加えていました。

ただ、そのために壁で空間を区切って会議室をつくるとなるとコストも高くなります。何かいい手はないかといろいろ探してみると、ボックス型のブース席が売られているのを見つけました。この形であれば、また別のところに移転することになっても運べます。

現在は対面で話せるブース（133頁の図19）が３つと、リモート会議のできる場所が６つあります。リモートの方はクライアントとの打ち合わせなど他の用途でも使われますが、対面のものは1on1のためだけのスペースです。

どんなことでも、一部分だけを見てはいけません。1on1をしようというルールをつくる。ただやればOKというわけではなく、どんな意味があるのかを社内に伝える。そして、実行しやすいツールやプレイスを準備する。そうした構造的な取り組みが必要なのです。

コミュニケーションは「質」より「量」

このように、私たちの会社では1on1をルールとして制度化し、ツールやプレイスを整えていきました。もちろん、最初から良好なコミュニケーションができたわけではなく、いろいろな試行錯誤があっての、いまの仕組みになっています。

先ほども少しお話ししましたが、結局はコミュニケーションの総量が必要なのだと思います。心理学でも「ザイオンス効果※」というように、特定の人物や物事に繰り返し接触することで、好感度や評価が高まっていくとされています。

1回の1on1の中で信頼関係が生まれるということではなくて、回数を重ねる中で徐々

■ 図19　1on1ブース

に信頼関係が構築されていきます。会話の中で共感した回数、「いいね」と行動を称賛する回数、相手がどう思うのかや考えるのかを知った回数が、信頼関係を構築していきます。

まずはルールとして徹底して、実際に行われているかをカウントする。そうしてコミュニケーションの総量を増やす中で、傾聴の意識を持ったり、共感ポイントを探したりする。

1on1をしようとなると、やはり従業員の時間が必要です。ツールやプレイスへ

※単純接触効果。繰り返し接すると好意度や印象が高まるというもの。１９６８年、アメリカの心理学者ロバート・ザイオンスが発表

の投資も必要でしょう。さまざまな面で抵抗があるかもしれませんが、とにかく、まずはやってみることです。やってみれば、必ず良い効果が生まれたと実感できます。そこでうまくいかないことが出てきたら、そのときに考えればいい。コミュニケーションの「量」が「質」を生むのです。

従業員の声　部長・営業職：入社4年目

メンバーとは近すぎず遠すぎない距離感を

私のチームは、全員が若手女性メンバーです。その中で、マネージャーとして適切な距離感を保とうと、常に意識しています。

女性同士、仲良くすることは簡単ですが、近づきすぎないようにしています。他のチームのメンバーとはプライベートや休日でも遊びに行くことがありますが、自分のチームのメンバーとはFunFund（飲食代などのコミュニケーション費用を会社が支給する制度）か会社主催のものしか行かないようにしています。

といっても、マネージャーとして上の立場から接したくはありません。メンバーに言わないように意識していることは、「私がその年のころは」です。もちろん、メンバーに聞かれたら、相手の立場を最大限に想像した上で、「私だったらこう」と答えますが、自分からは話しません。「私がその年のころは」と言っている時点で、もう上の立場からの言葉ですよね。そうではなく、いま、同じ目線で考えるようにしています。

お姉ちゃんや友達のように近くはなく、かといって上司や先輩のように遠すぎない。「いとこのお姉さん」のような存在でありたいと思っています。

部署を超えた関係構築を

新型コロナ禍に生まれた「フルメッシュ1on1」

私たちの会社では、ここまでに説明した上司と部下の1on1とは別に、「フルメッシュ1on1」という取り組みもしています。

通常の1on1を継続していくことで、メンバーとマネージャーの間の関係構築はかなり進んでいきました。しかし、そんなときに新型コロナの流行によりリモートワークとなったことで、周りの人たちの状況が見えづらいという課題が出てきました（図20）。

お互いに会って話すことが少なくなると、やはり連絡が取りづらくなります。周囲の状況が見えずに仕事が停滞してしまったり、他部署との連携がしづらくなったりと、小さな課題が散見されるようになりました。

■ 図20　リモートワークの課題

視野狭窄

- **周囲を認識できなくなっている**
  - 誰に相談すれば進められるか判断できない
  - 誰に相談する必要があるか判断できない
- **視野を広く維持している人に依存している**
  - 人的ネットワークの構築があまり進んでいない
    - 広げる活動をできている?
    - 強化する活動をできている?
  - 人を十分に活用しきれていない
  - 自分を活用してもらうことも十分にできてはいない
- **信頼関係の構築を進められていない**
  - お互いを強化し合える関係を構築できている?

仕事範囲の限定化

- 自分のタスクをこなすことが自分の仕事の範囲になってしまっている（本来、PHONE APPLIのビジョンを達成するために行うあらゆることが仕事に含まれる。他の人のタスクが進むようにすることも重要な仕事だが、それができていない）

↓

必要な視野を確保できていない状態で、見えていることだけをしていて「仕事ができている」ことになるのか?
⇒仕事を「できているつもり」になってしまい、
成長にブレーキがかかる

それを補うために、組織の結節点であるマネージャーが、メンバー同士や他チームとの間をつなぐことを求められる場面が増えてきます。そうしてマネージャーの負荷が増大していきました。

そこで、マネージャーとメンバーとの間という「縦」の関係に限らず、部署を超えた「横」「斜め」の関係構築を進めるために始めたのが、フルメッシュ1on1です。新型コロナ禍で課題が出てきたのがきっかけではありますが、こうした取り組みの必要性は以前から感じていました。

どんな人でも、誰かと一緒に活動しています、そのときに、気持ち良く、効率的・効果的に物事を進めることができる。達成した感動を誰かと分かち合うことができる。そのために、一人ひとりの組織を越えた関係構築が重要な要素です。

フルメッシュ1on1も通常の1on1と同じように週に1回30分行います。会話の内容も同様に何でもOKです。ただし、発話量にルールはありません。お互いが好きに話して大丈夫です。場所についても、通常の1on1とは違って自由です。例えばランチを食べながらでも、お茶をしながらでもいい。良質なコミュニケーションが生まれるのであれば、どんな形でもいいという考え方で実施しています。

他部署の同グレードの相手を選ぶ

フルメッシュ1on1では、通常の1on1とは異なり、自分で相手を選びます。選ぶ基準については優先順位を設けており、まず部署としては、基本的に自分と同じ部署の人は選びません。優先度が最も高いのは関連性が特に高い他部署、次にその他の他部署、最後が自分の部署です。

それから、なるべくグレードや役割が近い人を選びます。極端な例でいえば、新卒1年目の従業員と取締役で1on1をしようと思っても、見えている範囲も考えていることもまったく異なり、効果的なコミュニケーションは難しいでしょう。

グレードの近い相手であれば、自分と同じような役割を担っているはずです。お互いの状況が近いほうがお互いを理解しやすいだろうという視点からのルールです。

基本的にはこの優先順位の中で、それぞれ自分の状況に合わせて相手を選びます。そうすると、限られた人に複数の人からの打診が来ることもあります。その場合、週1回を超えて実施しても構わないとしています。また、自分の状況を知らせるために「1on1 できますシート」をつくって共有しています。

それでも、実際には自分が選んだ相手と話せない場合もあります。少し悲しいことではありますが、シートを見て「この人とは難しいかな」ということが認識されていれば、それを前提に打診できます。断られたとしても、仕方ないと思えるでしょう。

それに当然、自分も 1on1 ができない状況になる可能性はあります。逆の立場で考えたとき、誰かから申し込まれて嫌な気持ちで断るかといえばそんなことはないはずです。相手から「この週は時間がなくて……」と言われても、「そうですね」と受け取ることができると考えています。

関係性の7段階

私たちの会社では、各従業員が他の従業員との関係性を段階的に評価する仕組みをつくっています。図21のように、初めの関係性である「存在認識」から、最も高い関係性であ

■ 図21　関係性の７段階

関係構築項目	チェックポイント	チェックが付かないときは？
1　存在認識	□私は、相手と１対１で口頭で会話したことがある	口頭で会話しましょう！
2　業務理解	□私は、相手に、私の仕事の困難な点を話したことがある □私は、相手に、私の仕事の進捗に影響する要素を話したことがある □私は、相手に、私の仕事で業務量負担が大きくなる要素を話したことがある □私は、相手に、私の仕事で精神的負担が大きくなる要素を話したことがある	PEOPLE マイプロフィールに書いて会話しましょう！
3　個人理解	□私は、相手に、私が得意なことを話したことがある □私は、相手に、私が苦手なことを話したことがある □私は、相手に、私の良いところを話したことがある □私は、相手に、私の良くないところを話したことがある	PEOPLE マイプロフィールに書いて会話しましょう！
4　承認	□私は、相手に、相手の貢献を口頭で明確に伝えたことがある □私は、相手に、相手の貢献を文章で明確に伝えたことがある	会話の中で伝えましょう！ サンクスカードを贈りましょう！
5　需要尊重	□私は、相手が、私の存在を無条件に受容尊重してくれていると思う □私は、相手が、私の意思を無条件に受容尊重してくれていると思う	相手の存在を無条件に受容尊重しましょう！ 相手の意思を無条件に受容尊重しましょう！
6　鼓舞	□私は、相手から鼓舞され勇気づけられていると思う	相手を鼓舞し勇気づけましょう！ 相手を精神的に支援しましょう！
7　強化	□私は、相手によって自分が強化されていると思う	相手を強化しましょう！ 相手に、ポジティブインパクトのフィードバックを贈りましょう！ 相手に、ネガティブインパクトのフィードバックを贈りましょう！

る「強化」まで、7段階で考えます。

チェックポイントを見て、特定の相手との関係性がどの段階にあるかを考えます。その上で、チェックポイントに満たないときはどんなことをしたらいいのかについても基準をつくっています。

こうしたことを考えてもらいながら、フルメッシュ1on1などでいろいろな人たちとコミュニケーションをしてもらいます。そうして毎月末に、関係構築状況を記録します。社内の全メンバーについて、自分との関係性はどの段階なのかを判断するのです。

そこから従業員は自分にとって1段階目の人は何人、2段階目の人は何人、3段階目の人は何人か数え、その結果だけを報告します。会社としては、報告されたデータについて組織力ポイントというものに換算して数値評価しています。組織力ポイントとは、組織のメンバー間の関係性が組織力を構成するという考えのもとで、フルメッシュ1on1における関係構築項目から組織力を数的に表現できるようにしたものです。組織力ポイントの変化から、社内における関係構築の進捗を評価します。組織力ポイントは売り上げなどの財務指標に直接作用するものではありませんが、私たちの会社がビジョンの実現に向かって進むための土台になるものとして毎月計測しています。

自己開示のプラットフォーム

「どんな人か」がすぐにわかる

ウェルビーイングを考える上で外せないもの、それは自己開示であり、それを可能にするためのプラットフォームが何かしらあると便利です。この観点は、多くのお客様に共感いただいています。

参考までに、私たちの会社が利用しているプラットフォーム、PHONE APPLI PEOPLE（第7章）で各従業員のプロフィールページを見ると、次のような項目が表示されています。

・ひとこと

・職務概要
・スキル
・ツール&テクノロジー
・資格
・略歴
・一番好きな映画
・実績受賞歴

「スキル」という欄には、自由に項目を掲載できます。

例として、図22の岸さんの場合は「WEBデザイン」「UI/UXデザイン」「朝ヨガ」などが並んでいます。ここから、どんなことが得意かわかります。

また、2023年にAIによってプロフィールの情報をまとめる機能を追加しました。プロフィールとサンクスカードの内容を元に、自動的に文章を生成してくれます。

加えて、簡単な質問に対する答えが表示されます、例えば、「一番好きな映画は?」「どこへ旅行に行きたいですか?」「犬派? 猫派? それとも…?」など、いくつかの質問

■ 図22　プロフィール画面

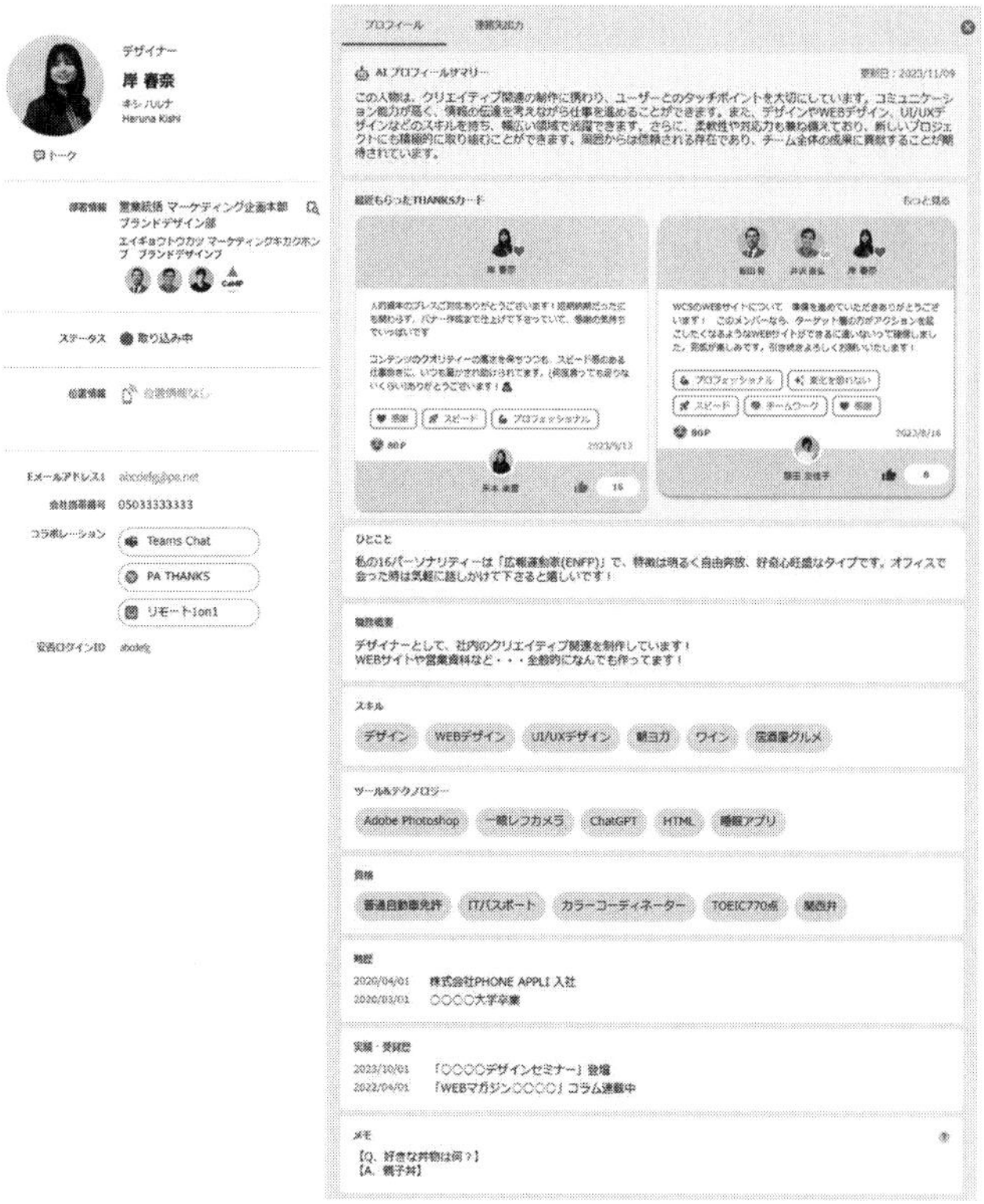

第４章　ウェルビーイングの三角形①　対人関係

項目の中から選んで答えるようになっています。岸さんの場合は「好きな丼物は？」という質問に、「親子丼」と答えています。

これらの情報から、自分の新しい部下や上司など、コミュニケーションを取りたい人の情報をより短時間で、簡単に把握することができます。

あるいは、好きな映画が同じだったり、行きたい旅行先が自分の行ったことのある観光地だったりすれば、それだけで話のきっかけになります。

第4章の1on1についての説明の中でも触れましたが、信頼関係を上げていくためには、共通点探しがとても有効です。

こうしたツールがなければ、全従業員分の情報を集めるのは難しいでしょう。システムを介して自己開示をすることで、たくさんのコミュニケーションが生まれていきます。

相手の頭の中を少しだけ覗く

このプラットフォームでは、システムとしてお互いに自己開示されていることで、オープンマインドになりやすい効果があります。

例えば、これまで話したことがない相手に、業務上の連絡が必要になったとします。チャットを送る際など、プロフィールを見ておけば、「○○、私も好きです」と一言書きやすくなります。実は同じ出身地だったのだとわかれば、親しさを込めてチャットできます。そうした共通項から、自ずと仕事上のやり取りの中でも、話が広がっていきます。

多少なりとも相手のことを知っていれば、安心感にもつながります。お互い警戒し合っていれば、対面でもチャットでも、なかなかコミュニケーションが生まれません。この人はどういうことが得意で、どういう実績があって、どんなスキルを持っているのかがわかっていることで、安心してコミュニケーションできます。

相手が何を考えているのかわからないと、不安になりますよね。もちろん、相手の頭の中を覗くことはできませんが、不安が大きくなりすぎると、人のことを信じられなくなっていきます。「口ではそう言っているけれど、頭の中では何を考えているかわからない」という疑心暗鬼が生まれることもあります。そうすると、チームで100パーセントの協力ができない、全員が全力で走れないということになってしまいます。

特にリモートワークでよくあるのが、「あの人、本当に仕事してるのかな。サボっているんじゃないの?」といった疑心です。それもこのプラットフォームがあれば、スケジュールがわかり、いまいる場所もわかります。それに、V2MOMを見れば「こんな目標を設定しているんだな」というように、その人がどんなことを頑張っているのかも理解できます。

このように、頭の中を少しだけ覗くことで、たくさんのネガティブ要素が排除されていくのです。

従業員の声　**部長・営業職：入社4年目**

話が苦手でも書いておくだけで知ってもらえる

私は中途採用でこの会社に入っています。入社時はプロフィールを見ることができるPHONE APPLI PEOPLEというシステムがなかったので、最初は少し壁を感じました。例えばどこの出身なのかということも、自分から話さないと知ってもらえません。私は自分のことを話すのがちょっと苦手なので、書いておくだけで知ってくれる人がいるのはありがたいと思います。

これが、「5分間で自己紹介してくれ」と言われたら大変です。「会社で決められているから、書いています」というスタンスで自分を知ってもらうことができる。新しく入るメンバーにとっては、すごくいいシステムだと思っています。

信頼関係の階段を上るために

第2章では、ウェルビーイングのためには何よりも信頼関係が大事だとお話ししました。信頼関係とは、「信頼している」「信頼していない」という区別だけではなく、段階があります。心理学では「ラポール」という言葉があります。フランス語で「架け橋」を意味し、橋が架かるように形成される信頼関係のことを指します。

ラポールは、次頁の図23のように5段階に分けて構築されるといわれています。下から「警戒」「疑心（不安）」「理解（親和）」「共感」「信頼」。そして、各段階から上がるために有効な方法はそれぞれ異なります。

■ 図23　信頼の階段

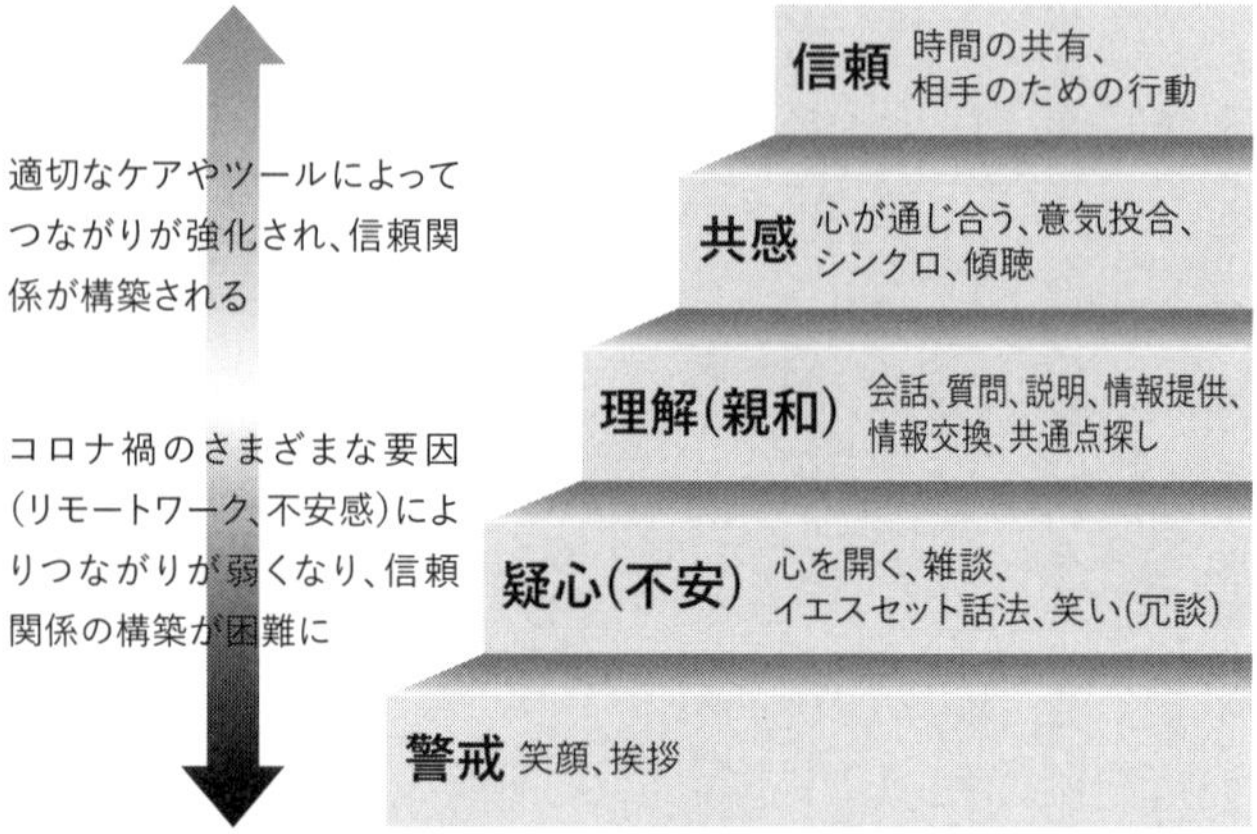

例えば「警戒」段階にいる相手には、笑顔と挨拶で「敵ではない」と伝えるくらいしかできません。こうした相手に意気投合しようと思っても難しいわけです。あるいは上司が部下にいくら熱いメッセージを伝えても、「警戒」や「疑心」の段階の相手には伝わりません。むしろ「また言っているよ」といった、ネガティブな伝わり方になってしまう危険もあります。

新しく組織に入って、周りに知っている人が誰もいないとなると、ほとんどの人は「疑心（不安）」の段階です。こうした状態から信頼の階段を上がるためには、仕事以外のコミュニケーションが不可欠で、そのきっかけになるのが自己開示です。

自己開示にもレベルがあります。先ほど紹介したシステムで簡単な質問に答えること（144頁参照）から、自分の失敗談を話すこと、あるいは「自分自身が嫌いな自分」を開示することもあります。「これを知られたら軽蔑されるのではないか」といったように、リスクを伴う自己開示も存在するわけです。

深いレベルの自己開示を行うには、相手に対して信頼できると感じている必要があり、誰に対しても一様にできるわけではありません。自己開示のレベルを深めていくには、軽いレベルの自己開示を積極的に行っていくことが重要です。自己開示には返報性があるといわれています。つまり、相手から自己開示されると、自分からも自己開示したくなるのです。自己開示のレベルが深まっていくことで、さらに強い信頼関係を構築することができる。PHONE APPLI PEOPLEを通じた自己開示は、その入り口になります。

従業員のキャリアを問わず役立つシステム

私たちの会社では、特に新卒や中途採用で入社してすぐの従業員に、PHONE APPLI

PEOPLEが人気です。新卒であれば、入社してすぐにＯＪＴが始まります。そのとき、教えてくれる人がどんな人なのか、どんな立場で話しているのかといった背景がわかることで、よりＯＪＴの内容が理解しやすくなります。

また、マネージャーも新しく入った自分の部下がどんな人かがわかります。そうして、採用した人を会社になじませるオンボーディングが速くなります。会社になじみやすいという点では、中途入社の人も同じです。

一方、中堅の従業員はもう会社の中の人脈は大体わかっています。そこにPHONE APPLI PEOPLEがあることで、新しいつながりが生まれます。中堅同士、実力ある人たちがつながることで、イノベーションが生まれるきっかけにもなります。

他の部署の人には話しかけにくいといった企業もあると思います。そうした環境では、なかなか新しい価値は生み出しづらいでしょう。何より、そんな会社はあまり楽しい職場ではないですよね。

人探しのスマイルカーブ

■ 図24　スマイルカーブ

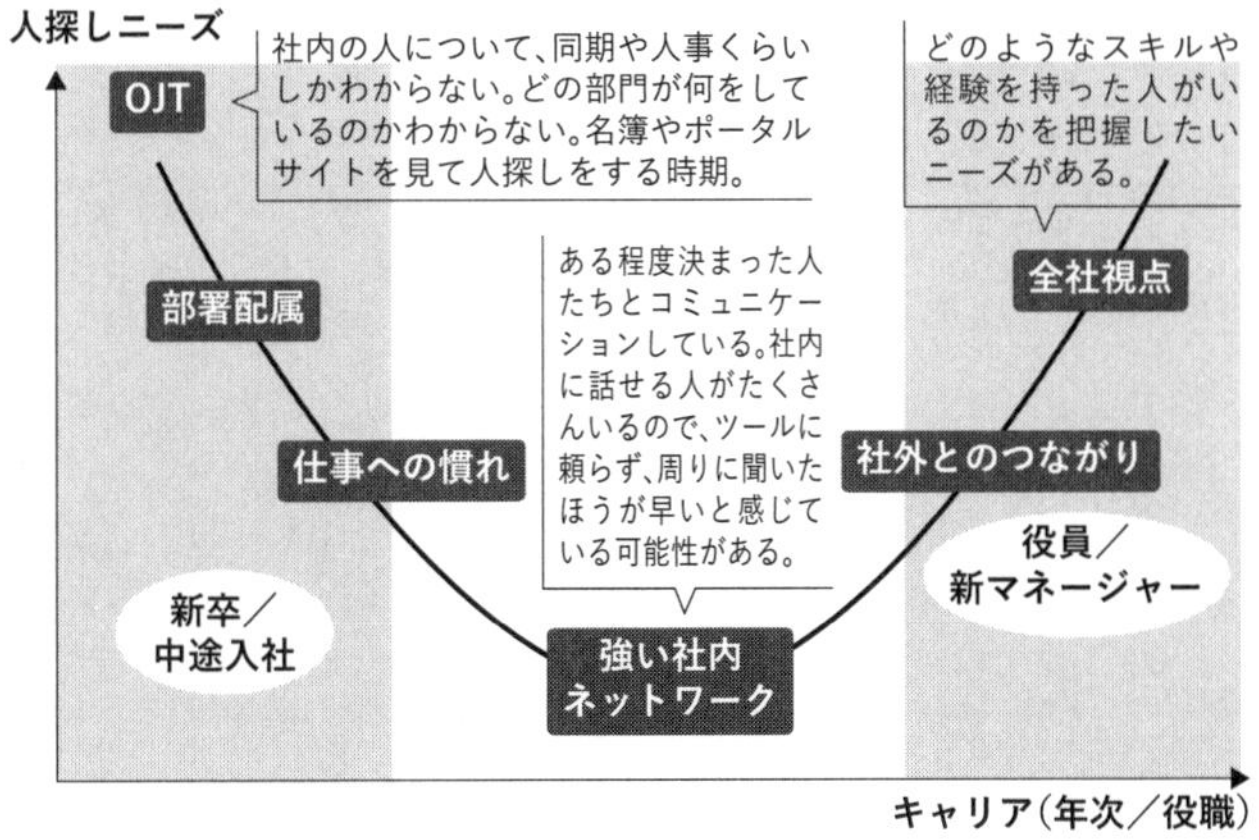
人探しニーズ
OJT
社内の人について、同期や人事くらいしかわからない。どの部門が何をしているのかわからない。名簿やポータルサイトを見て人探しをする時期。
どのようなスキルや経験を持った人がいるのかを把握したいニーズがある。
部署配属
ある程度決まった人たちとコミュニケーションしている。社内に話せる人がたくさんいるので、ツールに頼らず、周りに聞いたほうが早いと感じている可能性がある。
全社視点
仕事への慣れ
社外とのつながり
役員／新マネージャー
新卒／中途入社
強い社内ネットワーク
キャリア（年次／役職）

多くの企業で、横軸を入社年次、縦軸を人探しニーズとすると、図24のようなカーブを描くことがわかりました。これを、「人探しのスマイルカーブ」と呼んでいます。多くの企業で一番成果を出すエース層の声を聴くと、「社内で人を探すことはそんなにない」といいます。これは、そういった人は社内人脈が豊富だったり、すでに社内のキーパーソンを多数知っていたりすることで成果を出せているということで、とても良いことなのです。一方で、それがすべての層にあてはまるかというとそうではなく、入社して間もない人は社内の人のことを知らないため「人探し」のニーズはとても強く、また経営層に近づくにつれて現場から距離が生まれたり、また全社視点で人を把握する必要が生まれて再度「人探し」のニーズが高まります。このカーブを意識して、従業員同士がしっかり探し合える環境をつくることはとても重要です。また、逆に人探しを必要としていないエース層同士がさらに「人探し」をすることで、よりコミュニケーション量が増えれば、さらにその企業の競争力強化につながります。

従業員の声

お互いの長所や短所を組み合わせて一緒に成長したい

部長・営業職：入社4年目

どんな仕事でもそうだと思いますが、人それぞれに得意なことは違います。例えば、お客様へのプレゼンのとき、念入りに時間をかけて事前準備を行うメンバーと、即興プレゼンへの対応力は高いが資料作成が苦手なメンバーもいるかと思います。

どちらも長所であって、それぞれを生かせるようにしてあげたい。突然プレゼンしなければいけなくなったときがあれば後者に任せたいし、相手がより綿密な準備の必要なお客様であれば前者です。人によって尖っているところも凹んでいるところも違います。それをみんなが理解し合うことが大事なのかなと思います。私もパワーポイントで資料をつくるのが苦手だとメンバーに伝えています。もちろん苦手なことを強化していきたいと思っていますが、別に恥ずかしいことだとも思いません。お互いの特徴をお互いに理解して、それぞれの尖ったところを生かして、足りないところは補い合う。それができると、最強のチームになるんだと思います。

社内に「ありがとう」が行き交う仕組み

ありがとうの効果

「ありがとう」は、日常生活の礼儀作法として誰もが習ってきたことで、自然に実践できている人がほとんどです。特に感謝の言葉をもらうよりも伝える側の方に効果が大きく、健康状態や幸福度が向上する点は特筆すべきです。

PHONE APPLI PEOPLE には、サンクスカードを贈り合う機能があります。

サンクスカードは「感謝」を伝えるものです。私たちは、ウェルビーイングのために、あるいは人間関係をつくる上では、感謝が土台になると考えています。

私たちの調査では、月に4枚以上のサンクスカードをもらった人は、心理的安全性が下がらない傾向があります。また、サンクスカードのシステムにログインする頻度が高い従業員ほど、幸福度が高い。さらに、退職した従業員は在籍している従業員と比較して、サンクスカードの利用率が低いという結果が出ています。

また、感謝によって集中力向上や関係の質向上といった、さまざまな効果があるというエビデンスもあります。九州大学の池田浩氏の研究によると、感謝をすると他者の視点から物事を考えるようになり、その結果としてパフォーマンスが向上するそうです。

また、感謝と心拍数の関係を調べた、McCraty氏らの研究もあります。フラストレーションを感じる出来事を思い浮かべたときに心拍数は増えますが、その後に感謝していることを考えると、穏やかな気持ちになり心拍数が下がる。するとパフォーマンスが上がる、という研究結果が報告されています。

さらに、感謝をすると「幸せホルモン」といわれるセロトニンや「愛情ホルモン」といわれるオキシトシンが分泌されるなど、さまざまな体内システムのバランスが整うという効果も実証されています（次頁図25）。

米デューク大学メディカルセンターのムラリ・ドライスワミー教授（精神医学）は、「もし感謝が薬だとしたら、人間のすべての臓器に効く、世界で一番売れる薬となるであ

■ 図25　感謝と脳内ホルモンの関係

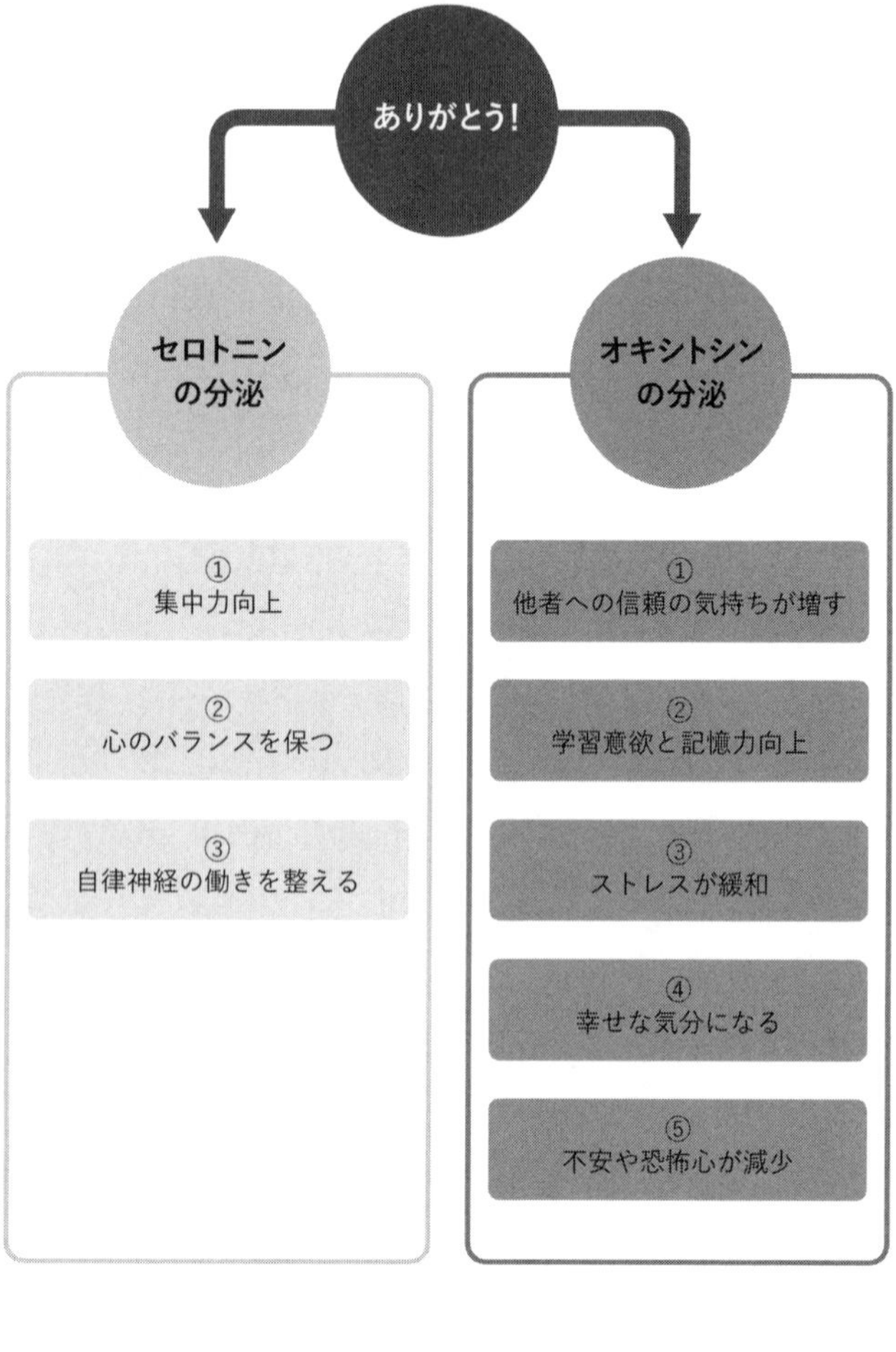

ろう」と発言しています。

みんなが贈り合う「サンクスカード」

PHONE APPLI PEOPLEには「サンクスカード」という機能があります。誰かに助けてもらったとき、アドバイスをもらったとき、手伝ってもらったとき、誰でもありがとうのメッセージを200文字以内で贈ることができます。

誰がどんなカードをもらったか、贈ったかは、全従業員が見ることができ、「いいね」を付けることもできます。「○○さんは頑張ってるんだな」「新しく入った○○さんはこんな仕事をしてるんだな」「あの案件、受注できたんだ」。サンクスカードを通して、会社の中のいろいろなことがわかります。

私たちの会社では、上期の終わりに部門別にアワードを開催し、その中で「THANKS賞」を設けています。期間中のサンクスカード1500通くらいに目を通して、候補を選出。その中から投票によって選んでいます。

■ 図26　サンクスカード２枚

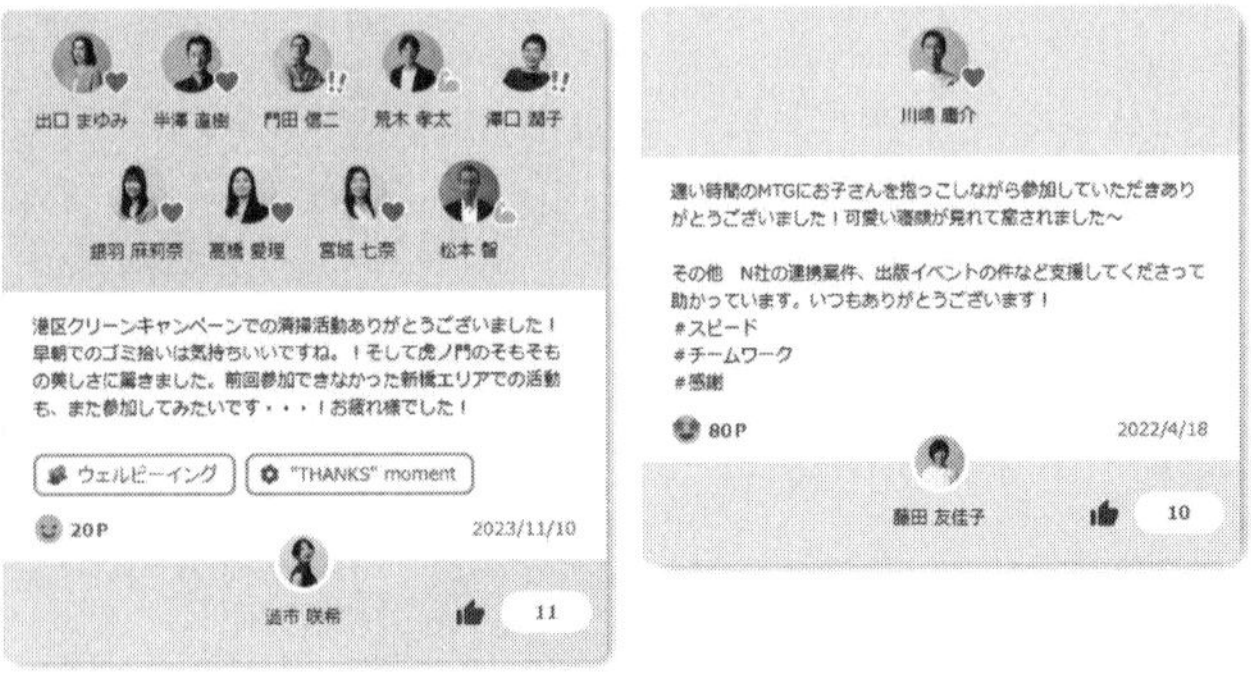

また、3と9が付く日を「サンキューの日」としています。「普段贈っていない人も、きょうはありがとうを伝えよう」と全社連絡やチャットで促すことで、社内での浸透を図っています。

一見素朴な取り組みに思えるサンクスカードですが、エンゲージメントの向上やカルチャー定着、従業員のスキルの発見に使えたり、1on1の際の話題にもなります。手軽にできるものですので、ぜひ始めてみてください。

■ 図27　サンクスカードの５つの効能

エンゲージメント向上

「ありがとう」を贈る/贈られる
様子を全社員が閲覧できる。
自由に、安心して、発言ができる
心理的安全性の高い組織です。

カルチャーの定着

サンクスカードを贈る際に選べる
スタンプ機能を搭載。弊社はここ
に6つのカルチャーとトピックを
選択できるようにしています。

従業員の隠れた能力を可視化

もらったサンクスカードには社員
の潜在スキル情報がいっぱい。
社内の人的資本を発見する方法の１つ
として利用できます。

部下と上司の1on1

最近のサンクスカードのやりとり
を1on1ツール上で見える。
“「最近どう？」上司”の撲滅を
目指します。

内定承諾率の向上

取り組みを内定者イベントで
アピールしています。
内定辞退率が大幅に減り優秀な
人材確保に繋がっています。

従業員の声　本部長・エンジニア職：入社12年目

「隠れた活躍」が見えるようになった

普段、他の従業員のために協力したり、アドバイスしていたりしても、周囲に知られない、知ってもらえないことはたくさんありますよね。それらがサンクスカードによって、活躍として見えるようになりました。

特に職位が離れている部下たちの活躍はなかなか知ることができません。日ごろ知ることのない姿を見ることができるのは、嬉しいし、誇らしいし、ありがたいですね。

みんな「ありがとう」を伝えたがっている

サンクスカードにはポイントが紐づけられていて、従業員それぞれ、週に400ポイントが振り分けられています。サンクスカードを贈るときは1枚につき最大80ポイント、いいねは1回1ポイントが贈られます。

以前は、いわゆる「ピアボーナス（仕事の成果や貢献に対して、従業員同士が少額の報酬を送り合う仕組み）」のように、消費したポイントに応じてボーナスとして給与に加えていました。ただ、それだとお金がもらえるからサンクスカードを贈っている可能性もあります。私たちがウェルビーイング経営を進めてきて、幸福の4因子のひとつである「ありがとう！」の因子が本当に社内で育っているのか、確認するためにピアボーナスの制度をやめてみました。

するとカードの流通量はほとんど変わりませんでした。その代わり変わったのは、メッセージの文字数です。それまでありがとうの価値がポイントで左右されていたのが、ポイントの金銭的価値がなくなった結果、より具体的に感謝の気持ちを表現するために文字数が増え、内容が濃くなりました。

一時期はポイントそのものをなくしたときもあります、するとひたすら贈り続けてしまう人も出てきて、現在の400ポイントに落ち着きました。「80ポイントで贈るときは5人に贈れるな。じゃあ3人に贈って、あとは『いいね』で使おう」といったように、みんなどう自分のポイントを使って感謝を届けようかと考えてくれています。

私たちのこだわりとして、贈られたサンクスカードに対して、直接返信やコメントはできないようにしてあります。これは、返信ができるとそこから業務につながってしまうからです。

例えば、AさんがBさんに「資料をつくってくれてありがとう、ほんとに助かりました」とカードを贈ったとします。それを見たCさんが「その資料、私にも頂戴」、Dさんが「来週同じようなミーティングがあるから、私のも手伝ってもらっていい?」と、サンクスカードを贈ることによって業務が生まれるということになってしまいかねません。また、ありがとうを贈られた人が、「こちらこそ、ありがとう」と返信をしてしまうと、ありがとうをもらった他の人にも「自分も返信しないとダメかな……」という忖度が働きがちです。そうして、業務や忖度がどんどんくっついてくると、ありがとうの価値が薄れてしまいます。サンクスカードは業務としての行為ではなく、ひとつの作品として考えています。

従業員の声 部長・人事職：入社4年目

サンクスカードをスクショして保存してくれたメンバー

私のチームのあるメンバーは、私が贈ったサンクスカードをスクリーンショットに撮って保存してくれています。内容は本当にささいなことです。中には「○○さんに好きなものを聞いたらカニカマと答えた。そんなところが好きです」みたいなものもあります。そうしたちょっと嬉しかったカードを保存して、しんどいときに見返してくれるそうです。もっといいことを書けばよかったと思いますが、嬉しいですね。

カードをもらうほうとしては、日常的な話を贈ってくれると嬉しいです。以前、「今日○○さんが嬉しそうで私も嬉しかったです」と届いたことがありました。それを見て、私はもっと嬉しくなりました。

自社のカルチャーを浸透させる効果も

PHONE APPLI PEOPLEのサンクスカードには最大10種類のスタンプを用意することができます（次頁図28）。私たちの会社では「感謝」「チームワーク」「プロフェッショナル」など、第2章で説明したカルチャーに加えて、みんなに意識してもらいたいことを設定しています。

■ 図28　スタンプ

例えば「睡眠」です。私たちの会社のメンバーがウェルビーイングであるために、しっかりとした睡眠を取ることを社内で推奨しています。ある人が「最近暑いけど、十分に眠れていますか？　最近こんな枕買ったら、よかったよ」と教えてもらい、その相手にサンクスカードを贈る。そのときに「睡眠」のスタンプを付けるといった使い方です。

こうした仕組みによって、カードを贈る人ももらう人も、それを見る人も「睡眠」について意識するようになります。それに、今月どのスタンプを付けた人が多いかなども、データで可視化されています。そうして、カルチャーや、会社として大切にしたい価値観や企業理念などを浸透させる効果があります。一般的に、企業理念や会社のカルチャーを浸透させるには、経営トップがミーティングなどで意識してその言葉（カルチャーワード）をつかったりカードや掲示物をつくったりして一方通行に発信することが多く、労力のかかるわりに現場からの反応がいまひとつわかりづらいプロセスというイメージがあります。しかし、私たちのサンクスカードを使うことで、従業員同士は気軽にカルチャーを相互に贈りあうことができるため、現場からカルチャーの浸透が進みます。また、使っている様子を見える化できるという効果も感じています。

従業員の声

自分のことを考えてくれたことが嬉しい

広報部：入社2年目

何か特別な出来事や嬉しいことがあったとき、「本当にありがとうございました！」と感謝を伝えるのもいいですが、具体的なことがなくても感謝を贈るようにしています。「もうしばらく話してないな」「一緒に仕事をしているけれどお礼を言うタイミングがないな」という人にも「ありがとう」を言いたいので、意識的に贈ることもあります。「なかなかお伝えできないけれど、いつもありがとうございます。」という、私なりの感謝をサンクスカードを使って伝えています。

逆に、「○○してくれてありがとう」といったメッセージをもらえると、とても嬉しいです。さらに、相手がなぜ感謝してくれたのか「ありがとうの詳細」が書かれていたり、どこにでもある「ありがとう」ではなくて、「○○さんのこういうところが素敵だったよ」というように、自分では気が付かなかった自分の長所に触れてもらえると、もっと嬉しいです。なので、私も「ありがとうの詳細」を意識して書くようにしています。

このようにサンクスカードには、通常だとなかなか周囲に見えづらい個人の長所や活躍が隠れています。例えば、他部署で働く同期の活躍もキャッチアップできて良い刺激が貰えますし、自分の目指すキャリアを考える時に先輩たちの過去のサンクスカードなどを見て参考にするという使い方をすることもあります。

採用や定着にも好影響

サンクスカードは、採用や定着にも効果があります。多くの会社で「アットホームな職場」といいますが、何をもってアットホームというのか。私たちの会社では、それを感謝が行き交う職場だと考えています。

「ありがとう」を伝える文化を大事にしているとわかれば、学生にも「そういう職場なんだな」と思ってもらえます。そこまで言わなくても、みんながサンクスカードを贈り合っているという話をすれば、「自分が入社しても、感謝のメッセージが行き交う中で働けるんだな」と感じてもらえるでしょう。

それから、先ほどの自己開示の話と同様に、新しく組織に入った人のオンボーディングにも役立ちます。

リモートワークが主流になってから、新しく入社した人はとても苦労しています。会社としては、「この期間に馴染んで、これくらいの活躍をしてほしい」という期待がありま す。しかし、リモートワークが普及してからこの馴染むまでの期間が多くの企業で延びてしまっています。

入社初日からリモートワーク、研修中もずっとオンライン。そうすると周りのことがよくわからず、だんだんと孤独感を覚えるようになります。結果的に会社への定着が難しくなってしまうのです。

孤独の解消には、ちょっとした役に立っている感や自己肯定感が大事です。「ありがとう」「助かりました」とサンクスカードを贈ってもらえる。「さすがだね」と少し褒めてもらえる。そうしたポジティブなメッセージが、孤独感を癒してくれます。

また、次に改めて触れますが、いまは「どこで働くか」を規定できなくなっています。だからこそ、こうしたツールで「ありがとう」を贈り合う、可視化することで孤独を解消していく。そうした仕組みが有効なのです。

従業員の声

「ありがとう」を当たり前に言える仕組み

部長・営業職：入社4年目

「ありがとう」って、本当は生活の中で当たり前に交わされる言葉ですよね。みんなお家の中では毎日言っているはずです。ビジネスシーンでは、日ごろ家族に言うのと比べてちょっと減ってしまうのは仕方がないけれど、やっぱりちゃんと伝えたいと思います。

そのために、サンクスカードの仕組みはとてもいいですよね。いつでも見られるので、忙しい相手にも相手の時間を取ることなく「ありがとう」を伝えることができます。

私はいろんな人にサンクスカードを贈りますが、その中の多くの相手には、毎日のコミュニケーションの中でも感謝を伝えることができていると思います。カードのメッセージは、相手に向けてはもちろん、そのカードを見た他の人にも伝わるように書いています。みんなに、その「ありがとう」の内容を理解してほしいんです。

そのために、なるべく具体的に書くようにしています。例えば「○○様の件、ありがとう」だと当事者にしかわかりません。それを「○○様のために資料を早く準備してくれてありがとう」と書けば、パッと見た人でも、どんなことをしてくれたから「ありがとう」なのかがわかります。

そうすることで、サンクスカードが贈られた人のスキルや頑張っていることが、他の人にも伝わりますよね。私がその人の良さを知っているのは当たり前。それを他の人にも知ってもらいたいと思います。

第5章

ウェルビーイングの三角形②

未来

THE STRONGEST ORGANIZATIONS ARE CREATED BY WELL-BEING EMPLOYEES

みんなで同じ船に乗る

パーパスを社内に浸透させるためには

自分の実現したい大義があり、同じ方向を向いて頑張る仲間がいる。そうして大きな仕事をする。これが、会社で働く上での幸せのひとつだと思います。世の中に貢献できるような技術革新や新しいサービスは、会社という器の中で生まれ、それが世の中を豊かにしていきます。

そのためには、集まった人たちが、同じ目標を目指して同じ方向を向くことが大事です。つまり、人が集まるものが会社の理念です。個人としては、自分の価値観に合った会社、自分が目指したいものに近しい目標を持つ会社、理念に共感できる会社を選ぶことが重要です。

会社の理念や目的を定義するものとして、「パーパス」や「ビジョン」が大切だといわれるようになりました。そして、みんなが同じ方向を向く組織であるということは、ウェルビーイングにもつながります。

ただ、パーパスやビジョンを掲げていても、それが従業員に浸透している実感がない、いまいち現場に落とし込めていない、という企業も多いと思います。ここでは、どのようにパーパスやビジョンを浸透させていくのか、ウェルビーイングを踏まえた視点で考えます。

PHONE APPLI SHIP(PHONE APPLIという船)

私たちの会社では、「PHONE APPLI SHIP」というものを策定しています。これは私たちの会社が、何のために、何を目指し、どのように考え、どのように行動し、何をする存在であるか、これを示す指針であり共通言語です。PHONE APPLI SHIPは、PHONE APPLIを表現する最重要要素であるパーパスを筆頭に、私たちが大切にしている要素を順序立てて表現しています。次の一文が、PHONE APPLI SHIPです。

「PHONE APPLIは、人々がいきいきと働く社会を実現することを信念として、すべての企業をウェルビーイングカンパニーにアップグレードすることを目指し、PHONE APPLIカルチャーを核として体現しながら、わたしたちひとりひとりが成長し、深く考え実践し、いきいきとした働き方のショーケースになるとともに、このショーケースを発展させ続け、社会に提供・還元します」

PHONE APPLI SHIPには、「PHONE APPLIという船」という意味と「PHONE APPLIメンバーの意識や態度」という意味を込めています。メンバーはそれぞれ人格を持つ個人ですが、PHONE APPLI SHIPを軸に、同じ船に乗っている仲間として意識を共有し、それぞれが持つ力を発揮しながら、全員で、全力で、力を合わせて船を前進させていきたいと考えています。

PHONE APPLI SHIPは一文になっていますが、図29のように、「パーパス」「ビジョ

■ 図29　PHONE APPLI SHIP

PHONE APPLI SHIP

パーパス 信念・目的	PHONE APPLIは、人々がいきいきと働く社会を実現することを信念として、
ビジョン 目指している将来の姿	すべての企業をウェルビーイングカンパニーにアップグレードすることを目指し、
カルチャー 行動原則	PHONE APPLIカルチャーを核として体現しながら、
ピープル 人的資本	わたしたちひとりひとりが成長し、深く考え実践し、
ショーケース 働き方・サービス・プロダクト	いきいきとした働き方のショーケースになるとともに、
ミッション ビジョンを実現する活動	このショーケースを発展させ続け、社会に提供・還元します。

ン」「カルチャー」「ピープル」「ショーケース」「ミッション」といった指針の集合体として考えています。ウェルビーイングなメンバーが、立場・部門を超えて健全に衝突し、意見をたたかわせ、そこから生み出された「人の力を引き出すクラウドサービス」を、自社の体験・経験をもとにお客様に寄り添って提案し、多くの企業の働き方改革とウェルビーイング経営を実現し、そこで働く人を幸せにしていきたい、PHONE APPLIのあらゆる活動はここにつながっています。

パーパスやビジョン、カルチャーというのは、会社ごとにユニークであるべきだと思います。これを企業の中に落とし込むにはどうすればいいのか、汎用的なメソッドの参考として、私たちの考え方を紹介します。

「何を目指すのか」を定める

64頁の図6でご紹介した私たちが考えるウェルビーイング経営の全体像を思い出してください。信念・目的であるパーパスを踏まえた「ビジョン」という大きな目標を実現するために、「カルチャー」「具体的な取り組み」「イノベーション」「ものさし」という順にブレイクダウンしていく構造でした。

この構造で考えると、まずビジョンに共感した仲間が集まることが、会社としては重要なポイントです。ビジョンがなければ、みんながどういう方向に向かって進めばいいのかがわかりません。その会社に自分が共感できるかどうかもわかりません。

ビジョンに共感した人が集まった上で、「カルチャー」はメンバーが大切にしている事柄です。私たちの会社であれば、「変化を恐れない」「プロフェッショナル」「スピード」「チームワーク」「感謝」「健康」を大切にするメンバーの集まりだということです。もし「自分は人にありがとうなんか言えません」という人がいれば、私たちの会社には合わないでしょう。

ただし、カルチャーはそれ自体が人の優劣を決めるものではない、と考えています。

わかりやすい例が「スピード」です。ときには手戻り覚悟で迅速な判断を行うのか、できるだけ情報を集めて、より確からしい判断をするのか。もちろん状況によってどちらがいいか変わる場合はありますし、どちらも常にうまくいくわけではないでしょう。ただ、まずいのは、両方の考え方の人が混ざっていて中途半端になってしまったり、常にその価値観の違いでわだかまりやモヤモヤが消えないことです。ですから、我々はときに手戻りがあるかもしれないけれど、迅速果断に行動することを大事にしようと決める。それが「スピード」なので、そうでない人がダメというよりは、一緒に気持ちよく働けないシーンが多くなるということです。ですから、採用においてカルチャーは非常に重要な要素なのです。

「目標」を具体的な取り組みに変える

まずはどうなりたいかというビジョンを明確にして、そのための行動原則をカルチャーに定める。その上で、具体的な取り組みが機能するためには、「ルール」「ツール」「プレイス」を整えることが必要です。64頁図6のそれぞれの項目の中にあるものは、ルール・ツール・プレイスを細分化したものです。

何かを変革しようとするときによくある失敗の例が、部分的に取り組んでしまうことです。

特に多いのが、ツールを入れただけで、どのように活用するのかというルールが決まっていない場合です。このツールに何の意味があるのかの理解が足りないから、DXに失敗する。そんな例を耳にしたことがある人も多いのではないでしょうか。

あるいは、オフィスは綺麗だけれども、不幸せそうな従業員がいる企業もあります。もちろん、非衛生的なオフィス環境では何をしても従業員の幸福度は上がっていかないでしょう。一時は「働き方改革＝オフィス移転」みたいな風潮もありましたが、それは違います。

組織変革のためには、一部を見ていてもうまくいきません。ルール・ツール・プレイスをバランス良く、適切なタイミングで整えていく。そうした構造的な理解が重要です。

その順番として、プレイスから始めることができるのであれば、プレイスから入ればいいでしょう。しかしオフィス移転が来年になるというケースであれば、それまで待たなければいけません。ツールを入れるのもある程度時間がかかりますし、お金も必要です。

その点、ルールをつくって実行することは、来週からでもできます。トライアンドエラーを確認しながら、小さい組織でモデルをつくっていくことができる。スモールスタート

■ 図30　ルール・ツール・プレイス

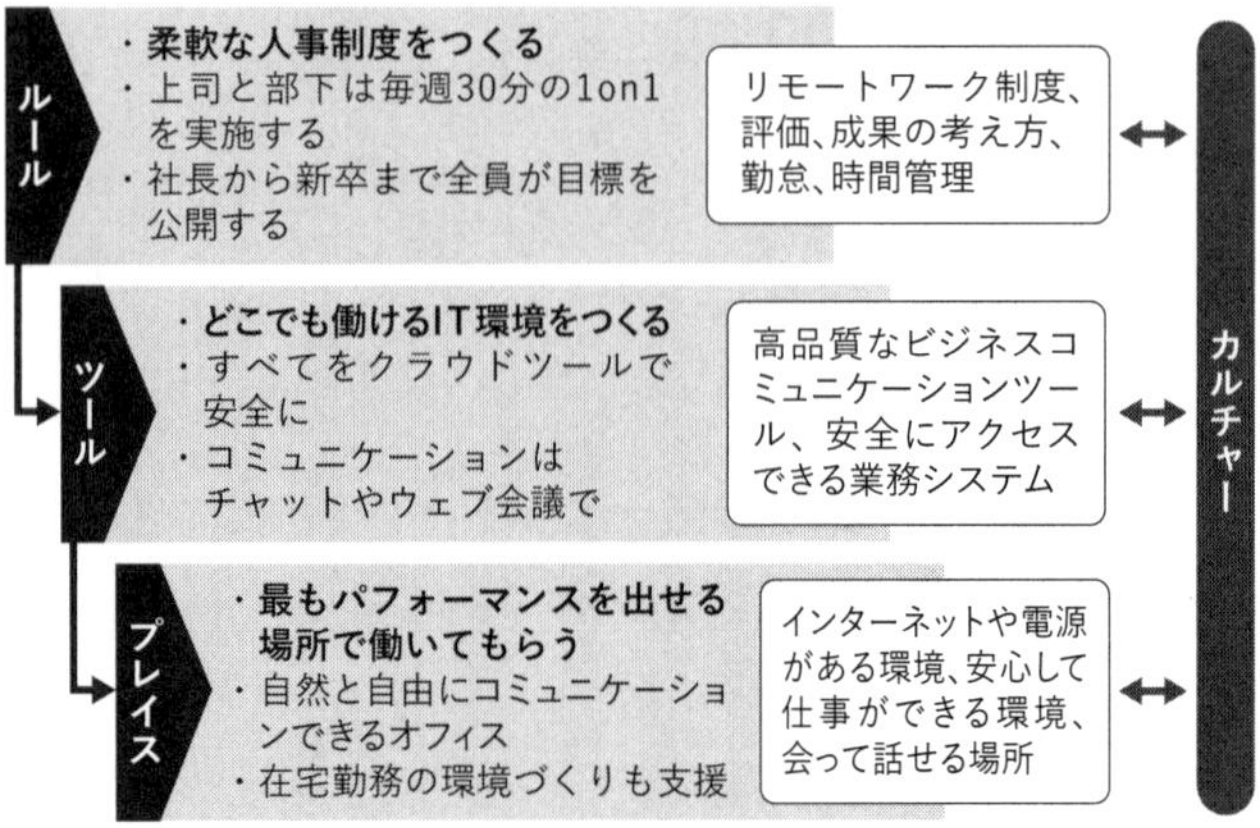
ルール
・柔軟な人事制度をつくる
・上司と部下は毎週30分の1on1を実施する
・社長から新卒まで全員が目標を公開する
リモートワーク制度、評価、成果の考え方、勤怠、時間管理
ツール
・どこでも働けるIT環境をつくる
・すべてをクラウドツールで安全に
・コミュニケーションはチャットやウェブ会議で
高品質なビジネスコミュニケーションツール、安全にアクセスできる業務システム
プレイス
・最もパフォーマンスを出せる場所で働いてもらう
・自然と自由にコミュニケーションできるオフィス
・在宅勤務の環境づくりも支援
インターネットや電源がある環境、安心して仕事ができる環境、会って話せる場所
カルチャー

のためには、ルールから始めることがおすすめです（図30）。

そうしてルール・ツール・プレイスを整えて実行した結果生まれるものが、「やりがいを感じる働き方」「感謝と共感で結ばれた絆」「パフォーマンスを発揮できる組織」「心理的安全性が高い組織」です。これらを総称して、ウェルビーイングと呼べると考えています。

ただし、その状態が測れるものでなければ、改善していくことができません。それが、第3章で説明したWCSと、第4章で扱った1on1のアンケートでした。

第3章の最後にお話ししたように、幸

福感を高めるためには個人個人の意識やスキルも必要です。しかし個人任せにしてしまえば経営のメソッドにはなりません。「ルール」「ツール」「プレイス」という仕組みをつくることで、会社として従業員のみんなが自発的に幸せになる環境を提供できます。

従業員の声　**部長・人事職：入社4年目**

ルールは「決まり」ではなく認識を合わせるためのもの

私たちの会社では「ルール」「ツール」「プレイス」という単語がよく使用されます。私は人事なのでルールをつくることが多いのですが、その際大切にしているのが、「なぜそれを行うのかを丁寧に説明すること」です。PHONE APPLIにおいてルールとはたいてい、単なる決まりや制約ではなく、あるものごとの背景に横たわっている問題を解消したり、認識を合わせたりするために用いられるものです。

ルールを設定した人は、その行動を何のためにやっているのか、それをするとどうなるのか、しないとどうなるのかを徹底的に共有する。周囲の人たちはそれを聞いて、もし共有された内容に疑問があれば、疑問を解消するために質問を投げかけ、コミュニケーションをする。この過程があって初めて、ルールというものの価値が生まれてくる。

そしてその「なぜ」を理解した上で仕事をすることが、個人の成長にも、組織の成長にもつながるのだと思います。

第6章

ウェルビーイングの三角形③

仕事

THE STRONGEST ORGANIZATIONS ARE CREATED BY WELL-BEING EMPLOYEES

会社と個人をつなぐ目標設定

目標設定の三つのポイント

世の中にはたくさんの目標設定方法があります。その中で、ウェルビーイングという観点から考えると、押さえておきたいポイントは次の3つです。

①自分の目標が、チームや会社の目標達成にどう貢献しているかを理解できること

「自分が頑張ることで、チームや会社にどう貢献していけるのだろうか」が明確であることはとても大切です。この点が見えなければ、仕事に対する「やらされ感」が大きくなり、モチベーションの低下、ひいては幸福感の低下にもつながってしまいます。

多くの企業で、目標を立てるときに「あなたは何がしたいの？」と、本人の希望を聞く手法を取っています。もちろん個人の希望も大事ですが、それだけでは十分ではありません。「チームメンバーが全員目標を達成したら、そのチームの目標も自動的に達成されている」といった、チームと個人の接続性が高い目標であれば、メンバーもチームに貢献できていると実感できます。

②自分が時間を費やしている業務が含まれていること

目標設定の際に、目の前の仕事ではなく、付加的な目標を設定をするケースがあります。「日々業務に追われているけれど、中長期的に忘れてはいけない大事なことも他にある。それをちゃんと考えよう」という考え方です。

それも必要な視点だとは思いますが、そうであれば、なおさら「目の前の仕事」についての目標をきちんと考えるべきです。「普段の仕事をしっかりこなすのは当たり前だ。わざわざ目標を立てる必要はない」と思う人もいるかもしれませんが、付加的な業務の目標は決めるのに、最も時間を割いている日々の仕事の目標を明文化しない、または同じ優先度で考えないのは問題です。

当たり前にやっていることを目標に入れなければ、そもそも目標を大切にする気持ちが湧きません。結果的にも目標を達成できず、「いや、メインの業務が忙しくて……」「それでは、仕方がないね」というようなやり取りを繰り返すのは、不毛な上にやりがいも下がっていってしまいます。

③自分と上司だけではなく、周りの人もその目標を確認できること

自分が設定した目標について、自分と上司だけで考えたもので、周囲はそのことを知らない、というパターンも多いでしょう。

少なくともチームメンバー全員が見られるようにしておくべきです。他の人と目標を共有することで、「この人は今期、こういうことを頑張るのだな」「この目標に関わることであれば、やる気を出してくれるだろうな」と、相手の優先順位を知ることができます。「この人は何を考えて仕事をしているのだろうか」といった相手に対して抱く不安も減り、相互理解と信頼の強化につながります。

また、チームが成功するための条件として「同じ目標に向かっていること」が重要なのはいうまでもありません。メンバーの中に、「このプロジェクトが成功しても、私の評価には影響しないんだよな」と考える人がいれば問題です。成功に向けた熱意はなく、難所では踏ん張りがききません。成功してもともに喜ぶことができず、足を引っ張ってしまうことのほうが多いでしょう。

もし、本人の目標を共有できていれば、「あの人の目標の中にプロジェクトが含まれていない」とわかります。マネージャーはプロジェクトについて目標に入れるようアドバイスできます。

「なぜ働くのか?」を考える

以上のポイントを踏まえ、私たちが導入しているのが「V2MOM」という目標管理手法です。米国 Salesforce, Inc. の創始者マーク・ベニオフ氏が考案したもので、全従業員の目標と達成進捗を「見える化」し、全従業員にオープンにするものです。

よく知られている目標管理の仕組みには、MBO（Management by Objectives：目標管理制度）があります。経営学者のピーター・ドラッカーが提唱したもので、従業員自らが目標を決めることが特徴です。例えば「セミナーで１００名集客する」というオブジェクトを設定して、何％に到達したかを評価する。多くの企業が採用している方法だと思います。

加えて、最近パフォーマンスマネジメントとして一般的になっているのが、ＯＫＲ（Objectives and Key Results：目標と主要な結果）です。Amazonやメルカリが採用しているやり方だといえば、知っている人も多いのではないでしょうか。大胆な挑戦をしないと達成できないようなゴールを据え、それを元に階層ごとの目標を設定する方法です。

一方で、Ｖ２ＭＯＭは、「Vision：ビジョン」「Values：価値」「Methods：方法」「Obstacles：障害」「Measures：基準」の頭文字を取ったものです（図31）。これを、全従業員がそれぞれ決めて、周囲にも開示します。

後に詳しく説明しますが、高い目標を設定して階層的に分解していく点でＯＫＲと似た手法であり、それにVisionとValuesを加えたようなイメージです。

実際にどのような内容を設定しているか、192頁図32を見ながら説明します。

■ 図31　V2MOM

V2

Vision ビジョン — 達成したいことは何か？

Values 価値 — 達成する上で大切な信念は何か？

Methods 方法 — 達成するためにどうするか？

Obstacles 障害 — 達成の妨げになるものは何か？

Measures 基準 — 成果をどう測定するか？

まずはVisionです。「達成したいことは何か？」を考えます。人事部の佐藤さん（仮名）の場合は、「この世のすべての働く人が、well-beingでいられる世の中をつくるために、情熱を注げる仲間を増やします」というものです。

次にValuesです。「達成する上で大切な信念は何か？」です。同じく人事部の佐藤さんは「アサーティブであること（率直に、対等に、尊重しながら、自己責任）」「持続的であること（楽しく、効率的に、効果的）」「挑戦的であること（社内外への情報探求を深めながら行う、未踏への挑戦、専門性の向上）」「目的志向である

■ 図32　V2MOM画面

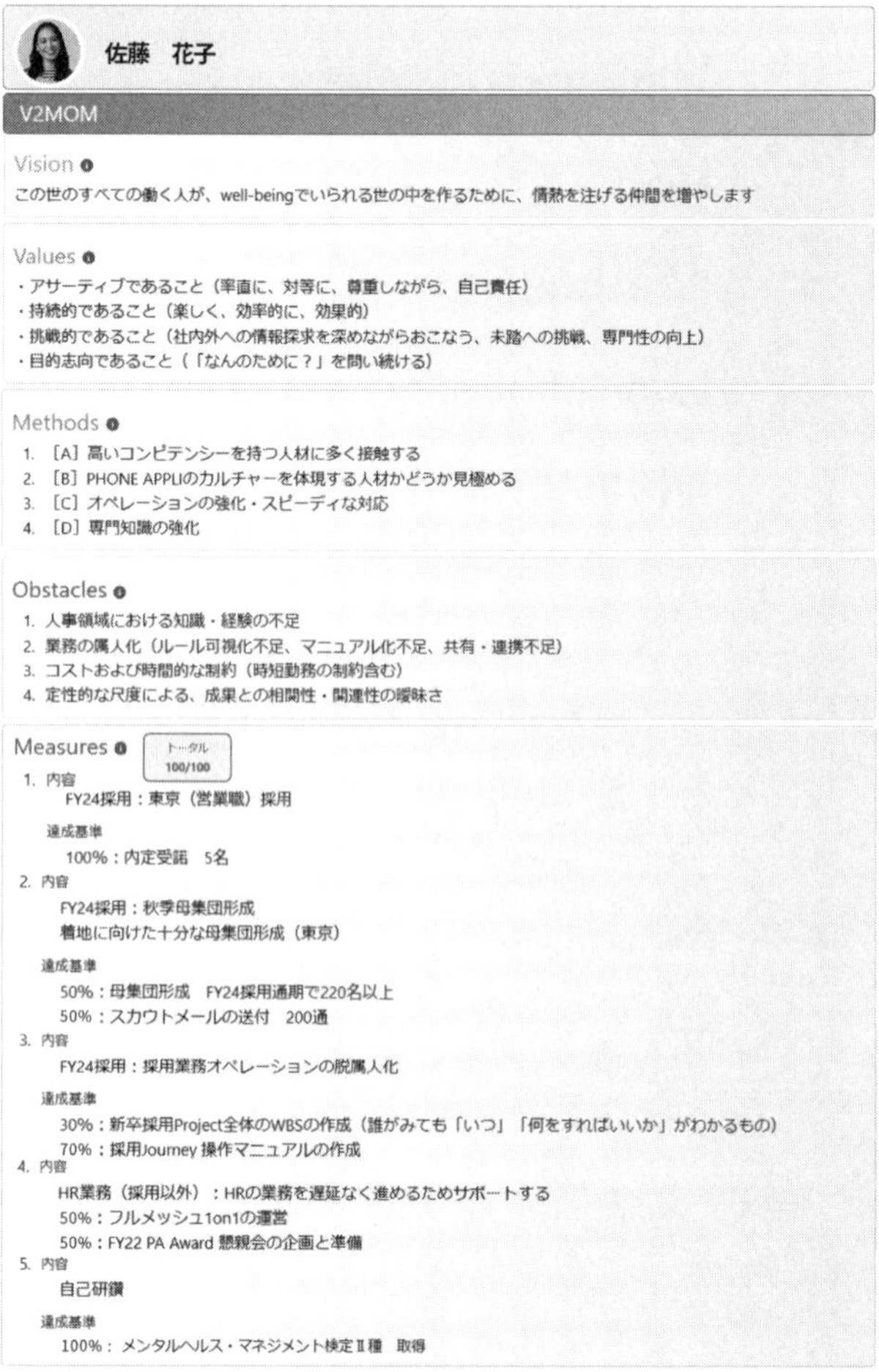

佐藤　花子

V2MOM

Vision

この世のすべての働く人が、well-beingでいられる世の中を作るために、情熱を注げる仲間を増やします

Values

・アサーティブであること（率直に、対等に、尊重しながら、自己責任）
・持続的であること（楽しく、効率的に、効果的）
・挑戦的であること（社内外への情報探求を深めながらおこなう、未踏への挑戦、専門性の向上）
・目的志向であること（「なんのために？」を問い続ける）

Methods

1. ［A］高いコンピテンシーを持つ人材に多く接触する
2. ［B］PHONE APPLIのカルチャーを体現する人材かどうか見極める
3. ［C］オペレーションの強化・スピーディな対応
4. ［D］専門知識の強化

Obstacles

1. 人事領域における知識・経験の不足
2. 業務の属人化（ルール可視化不足、マニュアル化不足、共有・連携不足）
3. コストおよび時間的な制約（時短勤務の制約含む）
4. 定性的な尺度による、成果との相関性・関連性の曖昧さ

Measures　トータル 100/100

1. 内容
FY24採用：東京（営業職）採用
達成基準
100%：内定受諾　5名
2. 内容
FY24採用：秋季母集団形成
着地に向けた十分な母集団形成（東京）
達成基準
50%：母集団形成　FY24採用通期で220名以上
50%：スカウトメールの送付　200通
3. 内容
FY24採用：採用業務オペレーションの脱属人化
達成基準
30%：新卒採用Project全体のWBSの作成（誰がみても「いつ」「何をすればいいか」がわかるもの）
70%：採用Journey 操作マニュアルの作成
4. 内容
HR業務（採用以外）：HRの業務を遅延なく進めるためサポートする
50%：フルメッシュ1on1の運営
50%：FY22 PA Award 懇親会の企画と準備
5. 内容
自己研鑽
達成基準
100%：メンタルヘルス・マネジメント検定Ⅱ種　取得

こと（「なんのために？」を問い続ける）」と決めています。

Methodsは「達成するためにどうするか？」です。この例では、上から「高いコンピテンシーを持つ人材に多く接触する」「PHONE APPLIのカルチャーを体現する人材かどうか見極める」「オペレーションの強化・スピーディな対応」「専門知識の強化」となっています。

その障害になるのがObstaclesで、「達成の妨げになるものは何か？」です。人事部の佐藤さんは、「人事領域における知識・経験の不足」「業務の属人化（ルール可視化不足、マニュアル化不足、共有・連携不足）」「コストおよび時間的な制約（時短勤務の制約含む）」「定性的な尺度による、成果との相関性・関連性の曖昧さ」が壁だと考えています。

最後はMeasuresで、「成果をどう測定するか？」です。人事部の佐藤さんは、「FY24採用：東京（営業職）採用」「FY24採用：秋季母集団形成、着地に向けた十分な母集団形成（東京）」「FY24採用：採用業務オペレーションの脱属人化」「HR業務（採用以外）：HRの業務を遅延なく進めるためサポートする」「自己研鑽」についてそれぞれ達成基準を定めています。

V2MOMは、従来の主要な目標設定法に比べ、数値的な目標に加えて定性的な部分が入るところが特徴です。例えば、Measures に「キャリアコンサルタントの資格を取る」といったような、自己研鑽の項目を入れることもあります。その個人のV2MOMがチームの目標に紐づくことを前提に、個人の目標が入っても問題ありません。

V2MOMを定めることで、一人ひとりに「自分はなぜ働いているのか」を考えてもらうことができます。そして、それをみんなが共有できます。マネージャーがメンバーに「なんのために働いているの?」とは、普段なかなか聞けません。いつでも確認できることで、「この人はこんな想いを持って働いているんだな」とわかった上で接することができます。

このような特徴から、私たちはV2MOMを「個人を大切にする仕組み」だと考えています。ウェルビーイングの視点で見たときに、最も優れたパフォーマンスマネジメントの仕組みなのです。

従業員の声

広報部：入社2年目

一人ひとりを見てくれる会社

入社前、私たちの会社がウェルビーイング経営を強く謳っているのが印象的でした。ウェルビーイングというとちょっと言葉が硬いけれど、噛み砕いていうと、従業員一人ひとりがいきいきと働くということだと思います。実際に入社してみると、V2MOMなどを通して自分自身とも向き合えますし、会社も自分のことを仲間として認めてくれる。「広報部の一従業員」ではなくて、私個人をちゃんと見てくれると感じています。

自分が目標達成すればチームの目標が達成される

V2MOMの大事な特徴の一つが、次頁図33のように階層構造になっていて、それぞれが立てる目標に接続性があることです。

私たちの会社では、経営者から階層順にV2MOMを設定していきます。まず、経営者が会社全体の目標としてV2MOMを立てる。次に役員たちが、経営者のV2MOMを達

■ 図33　組織V2MOM(Measures)の例

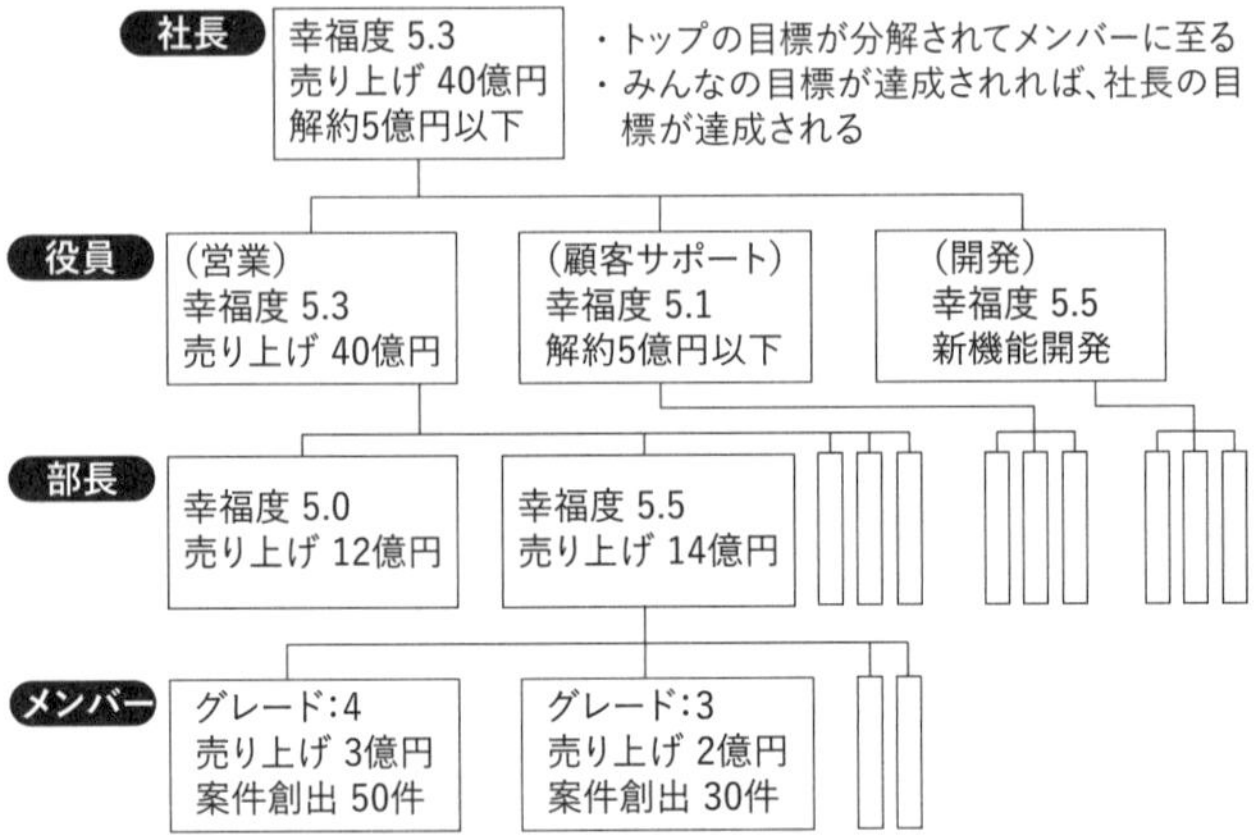

成するにはどうすればいいか、それぞれに分解して考えます。それをさらに本部長たちが、その次に部長たちが、と順に下ろしていきます。

そうして、チームのメンバー全員がV2MOMを達成すれば、そのチームのマネージャーのV2MOMが達成され、マネージャー層全員がV2MOMを達成したら、その上の部長のV2MOMも達成される……というように、全従業員のV2MOMが達成されたら経営者のV2MOMが達成されるように設計します。

その上で、全従業員のV2MOMをオープンにし、誰でもいつでも見ることが

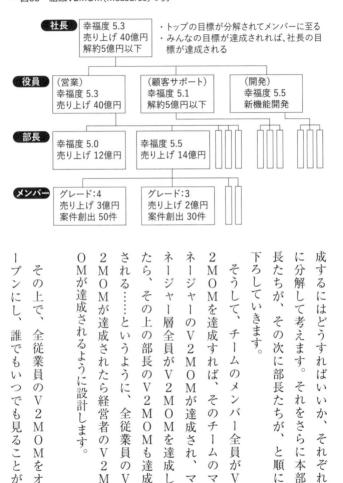

できるようにしています。上司のVisionやValuesもわかるし、自分のVisionやValuesを知ってもらうこともできます。もちろんメンバー同士、横の共有もできます。そのため、自分の目標をチームの目標や会社の目標と接続して考えることができます。

多くの企業では、こういった情報が公開されていません。目標を立てるときには、上司と部下がエクセルなどのフォーマットを使って、「この半年間に何をやりますか?」と考えるケースが多いでしょう。そして、上司自身の目標や、その上の上司、また経営の目標も見えておらず、その接続性も明確にわからないまま作成されるのではないでしょうか。例えば、会社全体として「すべての企業をウェルビーイング・カンパニーにアップグレードする」と目標を立てているのに、自分は日々セミナーの運営ばかりやっている。そうすると、「なんでこんなことをやっているんだろう」と思いがちです。

そのとき、会社全体の目標と自分の目標とを照らし合わせれば、自分が担当したセミナーの結果、営業が売り上げをつくる、するとお客様の満足度が上がるといったように、接続していることがわかります。また、組織における自分の貢献度合いや分担度合いが見える化されることにより、「自分だけが負担を背負っている」という思い込みを防ぎ、公平性を保つことにもつながります。仮に、公開された段階で明らかに分担のバランスに偏りがあると感じたら、素直に質問すればいいのです。そうすると、そこに何かそうなる理由や事情があることを知ることができるかもしれませんし、場合によっては目標の見直しが発生するかもしれません。いずれにせよ、Ｖ２ＭＯＭ自体が、目標という仕事における重要な情報に関するコミュニケーションツールとなっているのです。

自分が何のためにこの業務をやっているのかを実感することが仕事のやりがいをつくり、自己効力感、自己肯定感が育っていく。ウェルビーイングという観点から見たときに、こうした仕組みが大きな影響を与えます。

目標を公開することで社内のコミュニケーションは倍増します。例えば入社したばかりの従業員がまずすることは、上司と同僚のＶ２ＭＯＭを見ること。何をしないといけないかがわかるので、立ち上がりが早くなります。一年ほど経ったときにやることは、他の部門でよく一緒に働く横の関係の人のＶ２ＭＯＭを見ること。そうするとその人に対する見方が変わってきます。３年経つと他の人のＶ２ＭＯＭに口出しして、一緒に取り組むプロジェクトをつくり出すようになる。Ｖ２ＭＯＭは、上司とその上司の承認があれば毎月変えてよいルールにしています。

従業員の声　広報部：入社2年目

自分自身がぶれない

チームで同じ目標を共有することで、一人だけで頑張るのではなく、「みんなで達成しよう！」という意識を持つことができます。伴走者がいる安心感もありますし、頑張ろうというエネルギーにもなります。

目標が階層構造になっていて、組織の目指す全体像がわかりやすいので、「この頑張りは何につながっているのだろう」といったように、自分自身の業務レベルで迷走したり、半年を通してぶれたりすることなく目的地に向かって走ることができています。

それに、会社のすべての人の目標を確認できるので、「この人がこんな目標を持っているのだったら、この部分で一緒に何かできそうだな」といった基準にもなります。V2MOMは自分の向かう先をわかりやすくしてくれるだけでなく、チームや部署を横断してイノベーションを起こすことのできる目標管理手法だと思います。

チームの目標を確実に達成するために

V2MOMのつくり方

私たちの会社では、半期に一度、全従業員がＶ２ＭＯＭを設定します。前述したように、最初に経営者が決め、そこから役員、本部長、部長……というように、それぞれに落とし込んでいきます。各自が一人で自由につくるものではなく、メンバーがＶ２ＭＯＭを達成したらその上司のＶ２ＭＯＭが達成されるようになっているかを議論しながら設計していきます。

それでは、Ｖ２ＭＯＭの各項目について具体的な考え方を見ていきます。

まず、各従業員は会社のＶ２ＭＯＭとマネージャーのＶ２ＭＯＭを読みこみ、マネージャーと大枠を話してから書き始めます。

①Vision（ビジョン）

Visionは、達成したいことを表します。自分にとって最も意味があることに焦点を絞ります。

〈Vision作成のポイント〉
・どのようなことを達成したいか（1〜3文にまとめる）
・それは、会社・従業員・顧客・コミュニティにどのような影響を与えるか
・どうすれば、Visionが刺激的で楽しくクリエイティブになるか

〈Visionの例〉
・自社実践経験を活用し、すべての企業をウェルビーイングカンパニーにアップグレードする
・従業員が誇りと感謝と挑戦をもって生み出し提供するプロダクト・サービスと、それを

通じて実現するお客様の成功

②Values（価値）

Values は、Vision を追求する上で最も重要な原則や信念であり、判断や妥協点の指針になります。Vision を達成するために必要な価値を考えます。

〈Values 作成のポイント〉

・Vision を追及する上で重要な価値は何か（1～3文にまとめる）
・それらの価値を実践するとはどういうことか、誰にでもわかるようにするには、どのように記述すれば良いか
・それらの価値は、どのように日々の判断や妥協点の指針になるか、AかBか迷ったときにその基準となる指標

〈Values の例〉

・変化を恐れない…私たちは、みんなが成長できることを考え変化を楽しみます

・プロフェッショナル…私たちは、常に自己研鑽し、卓越したスキルと責任をもってお客様の期待に応えます
・スピード…私たちは、即断・即決・即行動で悩み続ける前に行動を起こし、すべての関わる人達を待たせない対応をします
・チームワーク…私たちは、組織を越えて知識とアイデアを出し合い、仲間を思いやり、目的を達成します
・感謝…私たちは、思いやりと感謝の心を持ち、言葉で表します
・健康…私たちは、大切な人たちと生活・仕事・遊び・学びにおいて積極的に交流し、いきいきとした日々を楽しみます

③Methods（方法）

Methodsは、Visionを現実にするためのステップです。会社やチームがVisionを達成するために必要になる具体的なアクションを考えます。

〈Methods作成のポイント〉

・Vision を達成するために必要なアクションを慎重に検討する
・達成したい5~8個のことは何か？
・会社のV2MOM、マネージャーのV2MOMと接続しているか
・シンプルで意欲を起こさせる書き方になっているか

〈Methods の例〉
・お客様のウェルビーイング経営を支援し成功に導くサービスを提供する
・継続的な成長を実現するための経営基盤を強固にする
・関わる人々がみな幸せになるポイントを見つける
・常識を疑う。バイアスなく情報を集め、本質を見極める努力をする。アイデアをもって突破する
・難しい課題は分解し、実行可能なものに変えていく
・効果は測定可能な形にする。その上でPDCAを徹底することで成長を感じられるようにする
・長所に目を向け、他者への尊敬を忘れない

・遊び心を忘れない。有益！　おもしろい！　と感じたものは共有する
・困ったときは助けを求める

④Obstacles（障害）

Vision・Values・Methodsを達成する上での障害は何でしょうか。それをどのように克服できるでしょうか。

〈Obstacles作成のポイント〉
・Visionの達成やMethodsの実行を困難にすることは何か
・Obstaclesを克服するために注意する必要があることは何か
・Obstaclesを克服するために具体的に何ができるのか

〈Obstaclesの例〉
・予期せぬ環境の変化
・変化を恐れる心、変化を拒む心

・テクノロジー発展のスピード
・困難を極めるマーケット
・メンバーへのコミュニケーションやフォロー時間が少なくなること
・ITスキルや業界知識の不足

⑤Measures（基準）

Measuresは、Methodsを達成したことを示すものです。日々の活動ではなく仕事の測定可能な成果に重点を置きます。つまり、すべてを測るためのものさしです。

〈Measures作成のポイント〉
・どうすれば成功したとわかるかを考える
・測定可能な成果に重点を置く（「8割のマネージャーが非常に有効だと評価する」など）
・優先順位を付け、優先順位が高いものを最初に並べる

〈Measuresの例〉

・売り上げ○○万円を達成する
・コーチング、1on1 関連の書籍を読み、週1回の 1on1 を実践できるようにする
・新卒○○人、中途○○人を採用する
・プロセス改善を行い、○○万円のコストを削減する
・WCS（Well-being Company Survey）で幸福度を○○点に引き上げる

以上が、V2MOMの設定方法です。これらを役員からメンバー全員がつくり終わるまで、私たちの会社では大体1カ月くらいかかります。大変なようですが、そのプロセス自体が自分たちが立てた目標に対する納得感を生むことになります。

従業員の声　**部長・人事職：入社4年目**

いま、本当に大事なことがわかる

仕事をする上で、自身や周囲の状態を正しく理解できていないと、ただ目の前にあるものだけに手を動かし続けてしまうことがあると思います。ですが、V2MOMがオープンになっていることで、メンバーは上司に確認せずとも、周辺に対する理解を深め、未来を

含めた目線で組織全体としてやるべきことを明確に把握することができます。目の前にあるタスクについても、本質的な目標や解決すべき課題を共通認識として持つことができ、自身の行動が会社の未来にどうつながるかを認識することにもなります。

自分の評価に納得できる

V2MOMについて、私たちの会社では目標の達成度による絶対評価を行った後、最終的には上司による加点を踏まえ、各部門ごとにS・A・B・C・Dの5段階で相対評価を行っています。

一般的に、評価について部下に納得してもらうのは難しい部分があります。ある領域における数字を大きく達成していても、総合的に見れば、必ずしも良い評価にならないこともありますし、そもそも目標設定の時点で、「無理な目標を押し付けられた。達成できなくて当たり前」と捉えられてしまうこともあると思います。その点、V2MOMはメンバー自身それぞれが会社の成功にどのように貢献するかを目標として言語化し、周囲に伝えます。そのため、評価基準があいまいな人事評価に比べると、結果に対して納得しやすいという面があります。

また、他人の評価に対するネガティブな要素が生まれづらくなる側面もあります。

まず、個人の人事考課の結果が公表されることはありませんが、目標がオープンになっているので、誰かが昇進したときに「なんであの人なんだろう」といったことがなくなります。

それに、特に新型コロナ禍以降、リモートワークが拡大したことで、「あの人なんの仕事してんだろうね」「まったく会社に来ないよね」といったこともあると思います。そのときも、Measuresを達成できていさえすれば、会社に貢献していると捉えることができるわけです。

目標に対する納得感という意味で、従業員のグレードの考え方も重要です。V2MOMの難易度はおのずとグレード次第になります。例えば「グレード3」の人と「グレード1」の人であれば、当然、前者のほうが達成の難易度が高いわけです。V2MOMを作成した人のグレードがわかると、「この人はグレード3だからこの難易度なんだ」「グレード3になりたければ、このレベルを達成しないといけないんだ」とわかるようになります。

そのため、私たちの会社では、2年前に、社員の等級であるグレードを全社員分、V2MOMに併せて公開しました。

公開に先立って、全社会議で「なぜグレードを公開するのか」やV2MOMとの関係についてなど、丁寧に説明しました。説明後のアンケートでは、若干の不安を表明する意見もありましたが、おおむね理解してくれました。どんなフィードバックが来るか少しヒヤヒヤしましたが、ホッとしたことを覚えています。


グレードを公開するといっても、グレード別社員一覧のようなものがあるわけではなく、各社員のV2MOMの横にその人のグレードがわかるように記載されているだけ、というようにしました。

その公開の仕方も、公開の目的に沿ったものであることが重要であるという考えを反映しています。

目標達成のためのフィードバック

私たちの会社では、半期に一度の評価とは別に、立てた目標に対してどこまでできているのかを毎月確認し、上司から部下にフィードバックしています。

目標設定に対する振り返りについて、半年に1回、1年に一回という頻度で上司と部下の面談を行う企業もありますが、それでは周期が長いと思います。評価とは別に、立てた目標をフィードバックしながらサポートして、メンバーが達成できるようにする体制が必要です。

第1章でお話しした通り、現在はVUCAと呼ばれる、変化の激しい時代です。市場環境の変化などの要因で、V2MOMの達成が難しくなる場合があります。そういった場合はV2MOMを変えても良いルールとしています。

ただし、V2MOMがチームの目標達成に関わるものである以上、1人のV2MOMを変えるだけだと、チームのV2MOMが達成できなくなってしまいます。チームのV2MOMを達成するためには、上司や他のメンバーがリカバリーしなければなりません。

そこで、V2MOMを変更するならば、必ず直属のマネージャーとさらにその上司の2人から承認を得るというルールにしています。これによって、必要に応じてチームを横断してV2MOMを調整するなど、あるチームのV2MOMの変更を踏まえてもチームや全社の目標を達成できるように調整することができます。こうした仕組みから、常にチームの目標達成のためにどうすればいいか相談し、みんなで助け合う組織に成長できています。

従業員の声

チームは常に「お互い様」

部長・営業職：入社4年目

営業だと、メンバー一人ひとりの売り上げがチームの目標達成につながることがわかりやすいと思います。でも、その意識は薄れてしまいやすく、ついつい自身のことだけに集中してしまいがちです。自分のゴールをそれぞれ自分で追うことは大事ですが、「みんなでチームの目標を達成する」という視点も大事です。

V2MOMをつくることでその意識が育っていくと思います。チームのメンバーや自分の達成度をチームの目標と照らし合わせて、「今月はこれくらい売り上げをつくれそう」「○○さんが少し難しくなっているから、誰かがリカバリーをしないと」といったことが

見えてきます、
私たちのチームでは、日ごろのミーティングでも「チームで目標を達成しよう」と話します。自分が達成すれば終わりではなくて、他の人が足りないときにはフォローできなければいけません。もちろん、自分が助けてもらわなければいけないときもあります。チームで仕事をする以上、そこは常にお互い様です。「お互いにお互いを見ながらやっていこう」と伝えています。

社内のコミュニケーションが格段にアップ

V2MOMがあってこその1on1

上司と部下の関係性を考える上では、お互いの親しさだけに着目していてはいけません。ただ仲がいいだけでは、上司が部下のパフォーマンスを横取りしたり、逆に手心を加えたりすることもあり得ます。馴れ合って部下が言うことを聞かなくなるということもあるかもしれません。ウェルビーイング経営のための関係づくりは、友達になろうというものではありません。あくまでビジネスを円滑に進めるためのものです。

まずV2MOMという、達成すべき目標があります。メンバーのV2MOMを達成させることはもちろんマネージャーの仕事でもありますが、まずは個人に責任があります。目標の達成のためになることを全力でサポートするのが上司であり、1on1もその一環です。

V2MOMがあってこその1on1である。この軸がしっかりしていることが大事です。

目標設定自体がコミュニケーションを生む

ここまで見てきたように、V2MOMは一人ひとりが会社・組織と接続性のある目標設定ができ、個人のやりがいにつながっていきます。加えて、その過程でたくさんのコミュニケーションが生まれるということに、大きな価値があります。

まず、V2MOMを設定すること自体が、コミュニケーションを生みます。

V2MOMは、上司と部下が相談しながら考えます。「こうつくりましたが、チームのために他に反映したほうがいいことありますか？」「チャレンジしたいことがあったら入れてみたら？」といった会話が生まれる。あるいは、マネージャーが自分のV2MOMについて部下からフィードバックをもらってつくり直すこともあります。メンバーの誰かが「○○にチャレンジしたい」となれば、それをマネージャーの目標に反映させます。そうしたやり取りを通して、お互いに相手のことを考えるようになります。

それに、チームで目標を設定するので、それぞれにどんな役割が必要かをみんなで相談することになります。「あなたはこんな目標で、私がこの目標を達成すれば、チームのV2MOMを達成できるね」というように、全体を見渡して考えます。

そして、チームの目標達成のために、一人に無理な負荷をかけないようになります。誰かが難しい目標を背負ってしまい、目標を達成できなければチームでも達成できません。そのため、ある人はすごく難しい目標で、別の人は簡単ということにはなりません。

実際に動き出してからも、誰かが目標を達成できないのであれば、他の人がリカバリーしようと動くようになります。目標を共有することで、「みんなで大きなビジョンに向かっているんだ」というチームワークが生まれます。

部署を超えてコミュニケーションが広がる

目標が見える化されることで、それぞれが全体の目標達成を考え、連携するようになる。その動きは、チームを超えて広がっていきます。

ひとつは、チームごとのリバランスです。やはり評価の厳しい上司と甘い上司がいます。しかし、V2MOMは全従業員が見られるので、「うちのチームのゴールって、隣のチームに比べて厳しくないですか？」といった意見が出ます。上司が「確かにそうだな」となれば、チームごとのリバランスが始まります。それが組織の至るところで作用すれば、より実行力のある組織になっていきます。

また、チームを超えた協力体制も構築されていきます。

まず、新しく入社した人は、自分がどんな役割を担うべきなのか、すぐにはわかりません。それがチームやメンバーのV2MOMを見ることで、チームとして何を目指しているかがわかります。V2MOMは過去に遡って見ることができるので、これまでどんな経緯で成長してきたのかもわかる。そうした情報から、自分がこのチームでどういう振る舞いをして、チーム全体のために自分が何をやらなければいけないのかが見えてきます。

そうしてチームに馴染んでくると、次は視点が他のチームに広がります。

例えば、マーケティングチームが営業チームのV2MOMを見れば、営業チームが何を目指しているのかがわかります。営業のAさんが新規獲得案件をつくろうとしている。それを見たマーケティングのBさんが「新規案件を取れるように、マーケティングを頑張るよ。だから一緒に金融業界向けの活用方法を考えよう」と提案する。お互いに目標達成するような提案をすることで、協力関係を築くことができます。

さらに成長して中堅従業員になってくると、相手のチームのV2MOMに、自分が考えた施策を入れ込もうとします。

例えば金融業界向けの市場をつくりたいBさんが、営業のAさんに「今年、金融業界向けのセミナーを10回やってよ」「そうすると、そっちのゴールも達成できるでしょ」と提案する。全社の最終的な目標は同じなので、お互いにその達成のために相乗効果を持たせることができる方法を考えるようになります。

従来、チームを超えた情報は見えづらいものでした。「あの部署は何をやっているかわからない」「協力を頼みづらいよね」と言っていたわけですが、V2MOMであればオープンです。その中で協力関係が生まれ、お互いを理解できる。コミュニケーションを最も促すことのできる目標管理手法なのです。

目標をオープンにしてコミュニケーションすることが大事

ここまで、V2MOMでの目標設定と、目標設定自体が生むコミュニケーションについてお話ししてきました。ここで重要なことがあります。それは、V2MOMを使うことが大事なのではなく、目標をオープンにしてコミュニケーションすることが大事なのです。V2MOMは、数ある目標管理手法のひとつです。企業によっては、OKRなど、V2MOMとは別の仕組みを採用しているところもありますが、どのような仕組みを採用しているかは問題ではありません。重要なことは、目標がオープンになっていて、その目標をもとに健全なコミュニケーションが行われているかどうかです。すべての目標をオープンにすることは難しいかもしれません。そのような状況でも、ひとまず試してみる形でなら公開できるというお客様がいました。これは気軽に始めることができるのでおすすめです。

従業員の声

本部長・エンジニア職：入社12年目

相手の背景がわかった上で話ができる

V2MOMによって、コミュニケーションを開始するタイミングが変わります。私の部署は、プロダクトマネージャーという職能上、他部署・他部門の方と会話する機会が多いのですが、例えば他部署に設定された会議では、その会議に参加している他部署の方が何を目的としているのか事前の情報がないまま、「あなたの部署で、こういったことができますか？」と聞かれることがあります。それ自体は問題ではないのですが、何を目指しているのかを知ることができるだけで「これはこの目標に連なる活動で、だからこの依頼を受けているんだな」と意識しながら会話できますし、単純に相談されたときよりも最適なやり方や対応方法を提案できることもあります。

以前は、そうした背景を会議の中で聞くこともあったのですが、V2MOMがあれば事前にチェックできます。私の部下も、社内で「この人はなんでこれをやっているんだろう」とわからないことがあったら、参考にする情報の一つとしてV2MOMを見ています。

第7章

ウェルビーイングの三角形④

環境

THE STRONGEST ORGANIZATIONS ARE CREATED BY WELL-BEING EMPLOYEES

シームレスなコミュニケーションを生むツール

最適なコミュニケーションツールを選べる

少し宣伝っぽくなってしまいますが、ここではウェルビーイング経営のエッセンスを理解するために、私たちの会社で開発したPHONE APPLI PEOPLEというシステムをもう少し紹介します。メンバー同士が最適なコミュニケーションを通してお互いを理解し、心理的な距離を縮めて活発な協働を促すことができるウェルビーイングのプラットフォームです。私たちの会社での活用になぞらえて、お話ししていきます。

このプラットフォームの大きな特徴のひとつが、適切な連絡手段がわかることです。まず、全従業員の情報が、組織別・部署別に分類されています。そこに顔写真・名前・

所属が表示されていて、隣には連絡手段が並んでいます。ここにメールやチャット、ウェブ会議用のツールなど、自社が活用しているツールを設定できます。

また、「応答不可」「退席中」「取り込み中」など各従業員のステータスも表示されます。加えて、次頁の図34のように、現在いる場所も表示されます。私たちの会社ではフリーアドレス制を採用しており、出社義務は週1回にしています。オフィスは使用の目的に合わせてエリアを区別しており、もちろん、「外出」や「在宅」といったこともわかります。

こうした情報を、全従業員が見ることができます。そのため、何か連絡が必要なときには、相手の状況に合わせた連絡手段を選べます。例えば、複雑な背景があって、自分の言葉を慮ってもらいたいような内容をメールで送るのは難しいですよね。そのときに相手がオフィスにいることがわかれば、会って話すことができます。

あるいは、簡単な業務連絡や、文章として残しておきたい用件はチャットのほうが便利です。直接は会えないけれど顔を見て話すほうが良ければ、ウェブ会議が適切です。

プラットフォーム上で人を探すと、スケジュールも一緒にわかります。例えば15時まで

■ 図34　従業員の場所

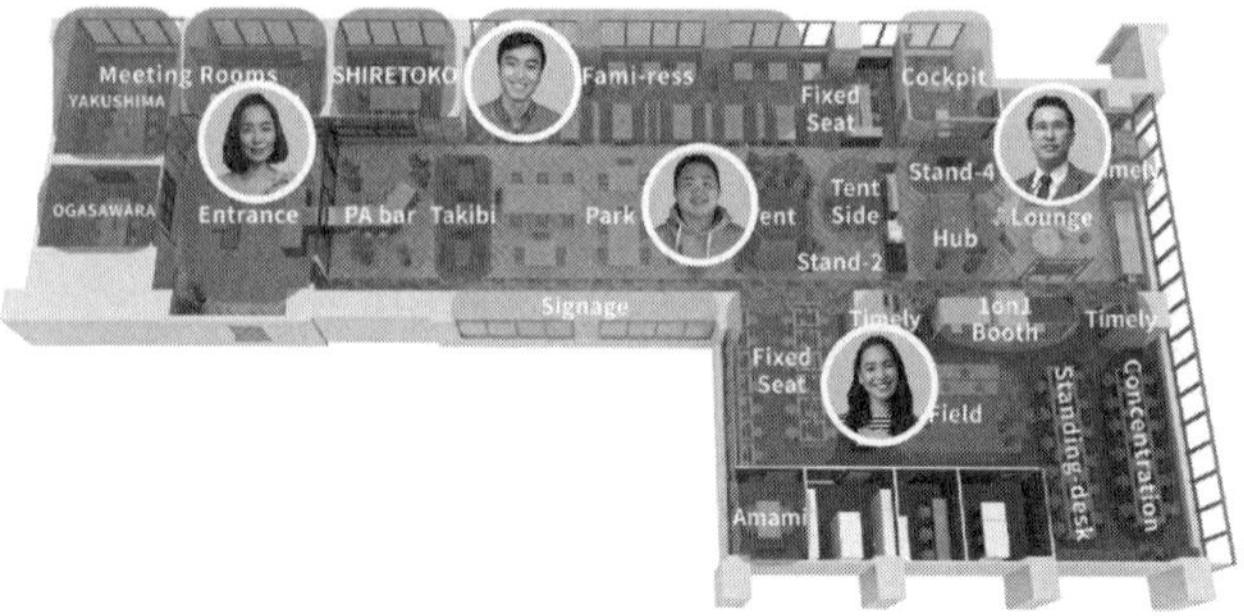

ミーティングをしていて、その後16時まで空いている。「だったら、その間に話にいこう」あるいは「今日は空いている時間がなさそうだから、チャットで簡単に伝えておいて明日詳しく話そう」といったことが判断できます。

いつでもコミュニケーションを取れる仕組みを

このように、PHONE APPLI PEOPLEを活用することで、そのときどきの相手の状況とコミュニケーションの優先度や内容によって、適切なツールを選ぶことができます。そのメリットは、情報を滞らせないことに集約されます。

企業の中において情報は、交換したり共有

したりすればするほど価値が上がります。情報を積極的に交換したり共有したりすると、その相手がさらに他の人たちに情報を共有します。情報の交換や共有を促進すればするほど、その情報は指数関数的に広がっていくのです。その過程で情報は、共有された人それぞれが持っている他の情報と組み合わさって、新しいアイデアが生まれたり、議論が起こってその情報がさらに強化されたりします。情報は、一人の頭の中だけにある状態に比べて、共有されることでその価値が高まり、真価を発揮する。つまり、ストレスなくコミュニケーションができている企業の中で流通する情報は、どんどん価値がアップしていくわけです。

例えば、チャットではなく直接話したいけれど席にいない、電話をするのも気が引ける、メールで長文を打つのも時間がかかる、次に会えそうなタイミングもわからない、そうすると「そんなに重要なことじゃないし、またでいいかな」というように、連絡をやめてしまうこともあると思います。

それが、相手の居場所やスケジュールがわかり、適切な連絡ツールを選べることで、情報が滞ることなく交換されていきます。

また、私たちの会社では、「リアルで会えるときは会って話をしよう」と推奨しています。気軽に送れるチャットはメールよりもコミュニケーション頻度が上がる分、交換できる情報量は多くなります。しかし、それよりも交換できる情報量が多いのが対面です。表情やジェスチャーなどの非言語情報を含めると、リアルで話すことが最も情報量が多くなるのです。

もちろん、相手が別の場所にいるときなど、すばやい連絡が必要なときもあります。そうしたときはチャットで連絡を取り、社内メールは原則禁止としています。

従業員の声　**部長・人事職：入社4年目**

コミュニケーションのハードルを減らしてくれる

コミュニケーションにも、たくさんのハードルがあります。例えば社内で課題が見つかって、それを解決できる人を探すとします。「どんな風に解決すればいいのかな」「それは誰がやったらいいのかな」「どの部署に適任者がいるのかな」といったハードルを経てようやく、「そういえば○○さんがいるね」といった話になります。その過程が面倒だから後回しにすることもあると思います。

その点、PHONE APPLI PEOPLEがあれば、どんなスキルを持っている人がいまどこにいて、どんなツールで連絡できるかがわかる。コミュニケーションのハードルを減らしてくれる仕組みがたくさん詰まっているツールだと思います。

チャット・ウェブ会議の危険

コミュニケーションの時間が減っていく

前述のように、私たちはリアルでの会話を大事にしています。多くの情報を交換できるということもありますが、それ以上に、より多くのコミュニケーションが生まれるからという理由があります。

現在は、さまざまなツールが発達しています。これまで電話やメールが主だったところから、チャットが生まれました。

あるいはウェブ会議もあります。従来は複数拠点がある企業では、従業員が移動してミーティングをしていました。しかしいまはどちらかのオフィスに行って会議をすることは、ほとんどなくなっているのではないでしょうか。働く地域が違うたくさんの人が会議をするときにも、スマホやタブレットで事足りるようになっています。新型コロナ禍でテレワークも一般的になっています。社外との商談や打ち合わせも、ウェブ会議で行うケースが多いでしょう。

こうした働き方は、社会のネクストステップ、つまり進化した働き方だと捉えられています。ただ、そこには危険性もあります。

チャットやウェブ会議のメリットをひと言で表せば、効率的だということです。チャットであれば、時間差のコミュニケーションができます。誰かに連絡するときに、その人の手が空いていない。そのときに待っているのではなく、チャットを送っておけば、後で見てもらえます。それに、複数の人とコミュニケーションができるので、グループでのやり取りにも向いています。また、履歴が残るので、忘れてしまってもまた聞きに行かなくてもいいというメリットもあります。

ウェブ会議であれば、何よりも移動時間が減るという大きなメリットがあります。大阪支社の人が東京支社に行って打ち合わせをしていたものが、行かなくてもいいとなれば、大幅な時間短縮になります。

■ 図35　効率重視の結果

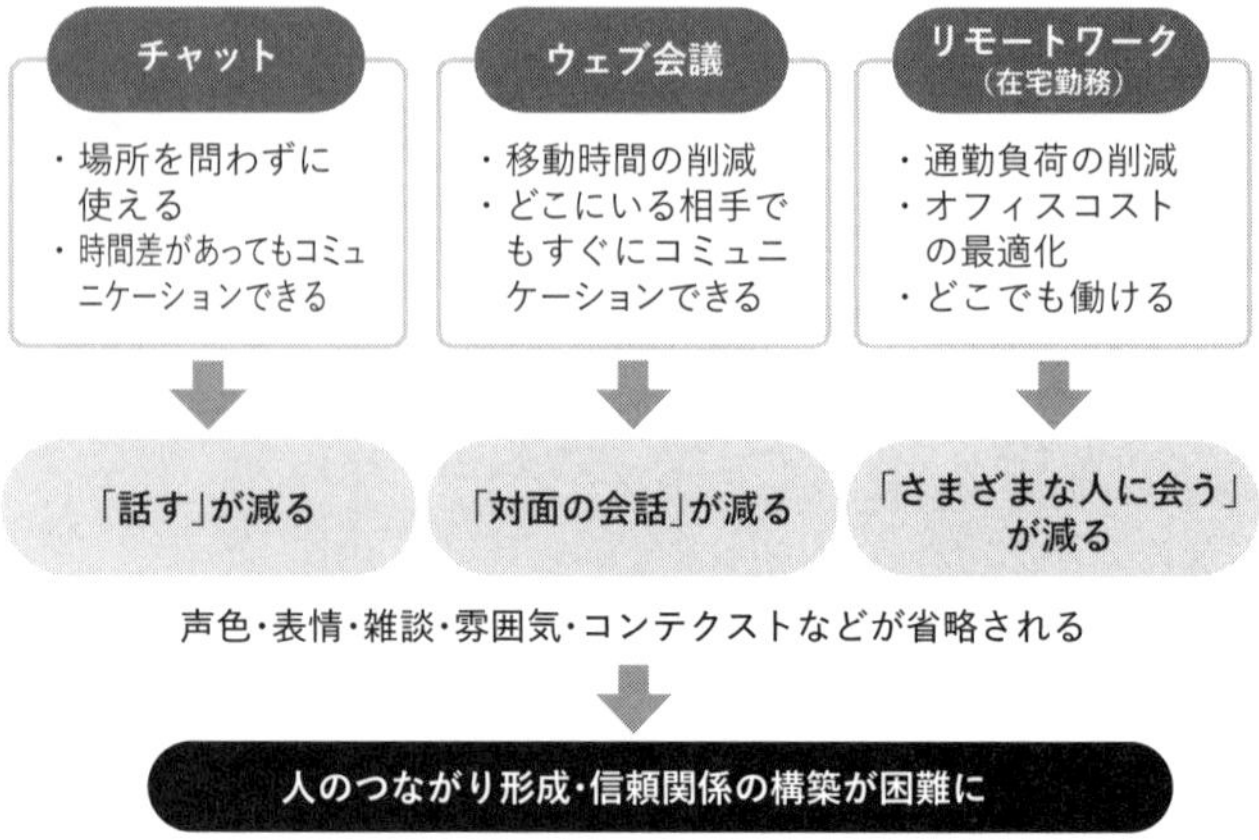
チャット
・場所を問わずに使える
・時間差があってもコミュニケーションできる
ウェブ会議
・移動時間の削減
・どこにいる相手でもすぐにコミュニケーションできる
リモートワーク
（在宅勤務）
・通勤負荷の削減
・オフィスコストの最適化
・どこでも働ける
「話す」が減る
「対面の会話」が減る
「さまざまな人に会う」が減る
声色・表情・雑談・雰囲気・コンテクストなどが省略される
人のつながり形成・信頼関係の構築が困難に

そうしたツールを活用して、テレワークも一般的になりました。わかりやすいメリットとしては、通勤の負担軽減です。首都圏や都市部は、通勤による身体的負担が大きいですし、時間を有効活用できることで、プライベートを含めた生活全体に好影響が生まれます。さらに、オフィスへ通勤できない距離に住んでいる人材へのアプローチが可能になるので、採用にもメリットがあります。

このように、チャットやウェブ会議、それらを駆使したリモートワークはどれも大変便利なものですが、これは裏を返せば、コミュニケーションにかける時間が減ってしまうことでもあります。

人への興味が薄れていく

チャットでは、雑談は生まれづらいでしょう。やり取りの内容は用件ありきで、用件もなくおしゃべりをすることは少なく、声の抑揚や表情もないので、感情を乗せた掛け合いは難しいと思います。ウェブ会議も同様です。用事もないのにウェブ会議をつなぐということはまずありません。私たちが対面でのコミュニケーションを推奨するのは、こうした課題からです。

オフィスに来て、近くにいる人と気まずい雰囲気であれば、居心地が悪くなります。だからあいさつをしたり、世間話をしたりして打ち解けようとします。オフィスにいれば、みんな無意識に仕事とは直接関係のないコミュニケーションをしているのです。

自宅で仕事をしていると、人に対する興味がどんどん薄れていきます。そうすると、例えば思い付いたアイデアを人に相談して具現化する、ということも少なくなります。困ったことがあっても、リアルでなければ聞きづらく感じて抱え続けてしまう。

リモートワークができれば、住む場所など自分に合った働き方ができます。労働人口が少なくなっていることからも、こうしたメリットはすばらしいものです。しかしコミュニケーションが阻害されることで、多くの課題が生まれています。

日本のハイコンテクスト文化との相性

世の中には、１００％リモートワークで成長しているグローバル企業やベンチャー企業もあります。

例えばZapierという会社は、インターネット上で「The Ultimate Guide to Remote Work」という、リモートワークガイドのような資料を公開していて、私たちも参考にしています。

その中に、とても大事なことが書かれています。それは、リモートワークで効率的に仕事ができる人は、テキストコミュニケーションが上手だということです。つまり、はっきり簡潔に書くことが苦手な人は、リモートワークには向いていないということです。

これが、特に日本人に対して重い考察だと感じています。図36のように、各国でコミュ

■ 図36　各国コミュニケーションと日本人の比較

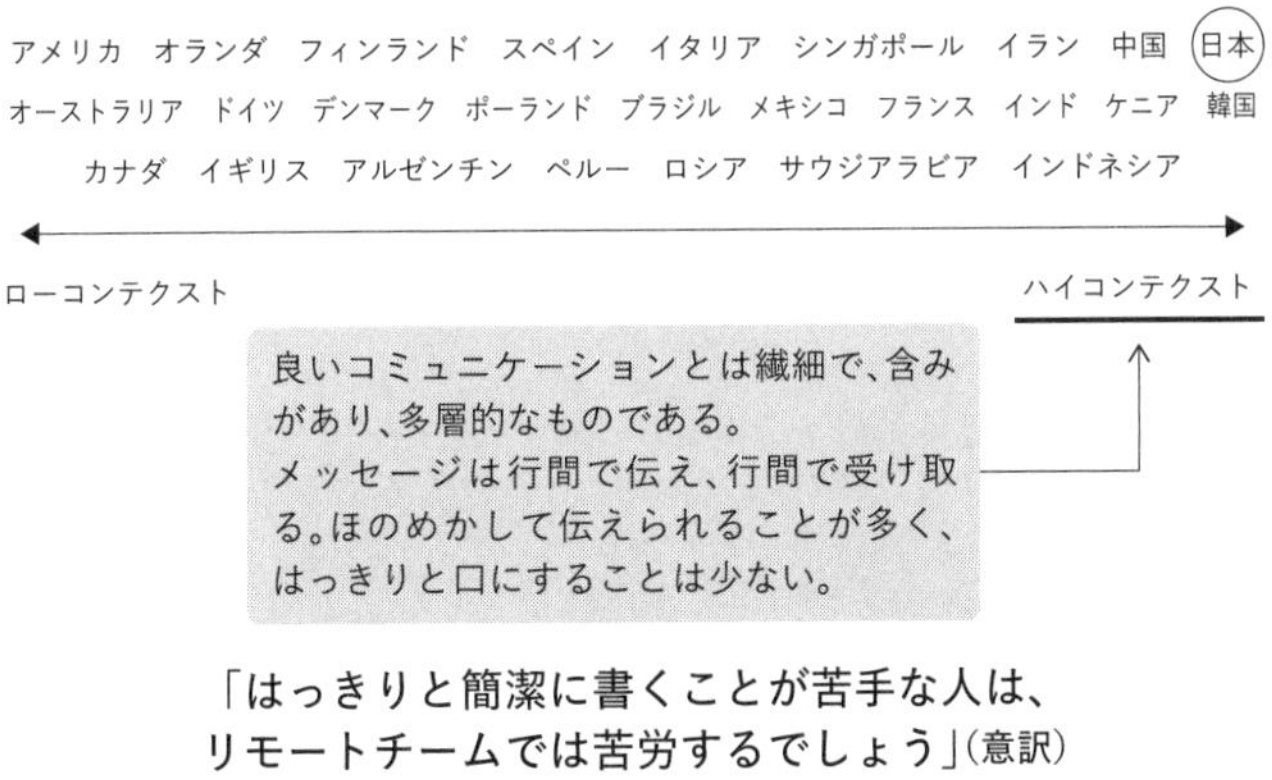
アメリカ　オランダ　フィンランド　スペイン　イタリア　シンガポール　イラン　中国　日本
オーストラリア　ドイツ　デンマーク　ポーランド　ブラジル　メキシコ　フランス　インド　ケニア　韓国
カナダ　イギリス　アルゼンチン　ペルー　ロシア　サウジアラビア　インドネシア
ローコンテクスト
ハイコンテクスト
良いコミュニケーションとは繊細で、含みがあり、多層的なものである。
メッセージは行間で伝え、行間で受け取る。ほのめかして伝えられることが多く、はっきりと口にすることは少ない。
「はっきりと簡潔に書くことが苦手な人は、
リモートチームでは苦労するでしょう」(意訳)

出典：エリン・メイヤー著『異文化理解力』をもとに作成

ニケーションの特徴は異なりますが、中でも日本はハイコンテクスト、つまり言語以外の表現に頼る文化だといわれています。体の動きで感情を伝える、行間をよむ。あるいは「常識」や「慣習」といった共通認識を元に意思疎通をします。

それが良い悪いではなく、事実としてそういう文化にある私たちに、リモートワークが向いているかというと、そうとはいいきれない。そうした意味でもリアルなコミュニケーションが必要だと考えています。

自宅より魅力的なオフィスを

会社に行く「意味」をつくる

前述のように、新型コロナ禍で強制的なリモートワークに適応し、それをポジティブに捉える人が一定数います。一方で、人と会えなくなることで、コミュニケーション不足が発生するという欠点もあります。

昔はオフィスのことを「職場」と言っていました。会社は「働く場所」だったわけです。しかしいまは自宅でもカフェでも、極端なことをいえばお客様の会社で時間を待っているときにも働くことができます。

どこでも働ける状態で、「いまさら毎日オフィスに通勤したくない」という人はたくさんいます。オフィスで働いてもらうためには、「なぜオフィスに行くのか」の理由が必要です。

そうした点で、私たちはオフィスの役割を、「人と会うための場所」だと考えています。オフィスに人を集め、みんなが会える場所をつくる。そうしてオフィスに人がいることで、また人が集まります。

PHONE APPLI PEOPLEを開けば、どこに誰がいるかがわかります。外出先にいる人が「あの人がオフィスにいるから、家に帰る前に寄っておこうかな」と考えることができる。オフィスに人がいることが、そのオフィスの引力になるわけです。

オフィスに人が集まるためには、カフェや自宅よりもオフィスが快適でなければいけません。そうでなければ、わざわざオフィスに行く理由がないわけです。コミュニケーションプラットフォームとして、オフィス環境を整える必要があります。

働く目的に合わせて席を選ぶ

現在は、フリーアドレスを導入する企業が増えており、そのメリットはたくさんあります。大きな部分でいえば、従業員それぞれの働き方を認めることで、モチベーションやエンゲージメントが向上します。特に若い世代は「個性の尊重」が重要な価値観になっています。人が集まるオフィスを考える上で、やはりフリーアドレスは非常に大きなポイントになっています。

私たちの会社のオフィスでは、自分の力を一番発揮しやすいスペースを、誰でも自由に選べるようになっています。もちろん、自宅で働くのもＯＫです。出社は週１日が義務、週３日を推奨としています。それぞれの席は予約制です。そのときどきで自宅がいいか会社がいいか、どの席がいいかを選ぶことができます。

図37のように、席にはいろいろな種類があり、一例を挙げると「コンセントレーション」は集中して働くための場所、「ファミレス」はオープンに会話しながら働く場所、「パーク」は人が集まり、目的に合わせて変化させることができる場所です。普段は作業スペースとして使えますが、簡単に机や椅子を動かして広いスペースを確保できるため、セミナーやイベント、従業員が対面で集まるパーティーなどを実施できます。

■ 図37　オフィスマップ

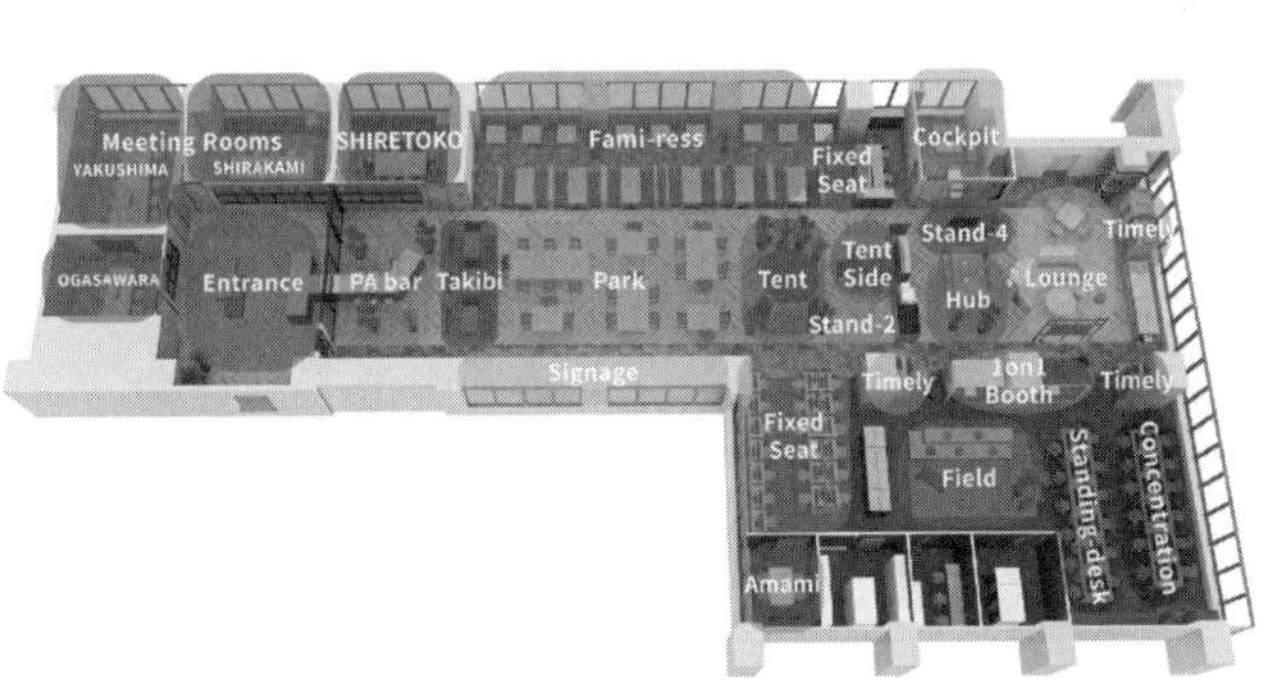

こうしたコンセプトを、すべてのメンバーが認識しています。その上で、前述の通り誰がどこにいるのか、位置情報がオープンになっているので、「○○さんはコンセントレーションにいて集中しているだろうから、話しかけるのはあとにしよう」「○○さんはファミレスか。ちょっと相談に行ってみよう」といった判断ができます。

これが目的が定まっていない固定席であれば、静かにしなければいけないのか、話しかけていいのかわからないですよね。みんな同じ席になってしまい、一人ひとりのスペースが小さくなりがちです。それに、「今日は立って働きたいな」「今日はみんなでざっくばらんにブレストしたいな」といったことにも対応しづらくなります。

それぞれの席にはっきりとしたコンセプトを考えることで、働き方にメリハリを持たせることができる。オフィス全体を整えるのは難しい場合もあると思いますが、参考にしていただける部分はあると思います。

従業員が成長できるオフィス

私たちがクライアントにフリーアドレスを提案すると、反対されることもあります。そういうときには、「これは従業員が成長するオフィスです」とお伝えしています。

多くの企業では、同じチームの人が集まって座っています。部長だけ机が独立していて、それ以外のメンバーが一塊になります。ある程度立場が近い人が席も近く、新入社員の隣には新入社員が座ります。

これだと、新入社員が何かわからないことがあっても、先輩に聞きづらい。フリーアドレスであれば、新入社員が常に先輩の横に座って仕事をすることもできます。それにチームワークを機能させやすい面もあります。部署内のチームだけでなく、部署を超えたプロジェクトチームなどでも、近い距離で仕事ができます。

「ともに働く場所」として、信頼関係を構築するインフラとして機能する。そしてチーム内外の関係性を強化しやすい。そういったオフィスをつくるために、フリーアドレスが絶対におすすめです。

従業員の声　広報部：入社2年目

出社するときは意欲的に人に話しかける

一週間の中でテレワークをする日も多く、出社する日は限られているからこそ、オフィスに行ったときには意欲的に人に話しかけようという気持ちになります。

先輩だから話しかけづらいといったことも特になく、ミーティング以外にもその前後や、オフィスですれ違ったときなどに先輩・同期・後輩、みんなとコミュニケーションを取ることができています。はじめは業務に関する話をすることが多いですが、そのまま雑談になることもよくあり、気付いたら結構盛り上がって相手との距離感がグッと縮まることもしばしば。リモートワークでもコミュニケーションはしっかり取れますが、オフィスという場ならではの良さもありますよね。

空間そのものを魅力的に

快適に働く場所をどうつくるのか。「快適さ」というのは人の感覚なので、それぞれに感じ方が違います。例えば明るいオフィスが快適と思う人もいれば、暗めが快適な人もいる。温度や香りにしても同様で、みんなが快適に感じるオフィスをつくるのは意外と難しいのですね。

ただ、多くの人が快適に感じる共通点として、「自然」があります。自然の中にいて気持ち悪いという人はあまりいませんよね。快適なオフィスをつくるためには、五感を通して自然を感じられるというコンセプトが最も合理的だろうと考えています。

まずは音です。私たちの会社では、ハイレゾリューション（高音質）スピーカーから、白神山地の森の中で録音した音声を流しています。木々のこすれる音や鳥の鳴き声が聞こえます。

それから、100%天然アロマの香りを演出しています。エリアや季節ごとに香りを変えることで、リフレッシュできるようにしています。

温度も場所によって違うので、寒いと感じたら日の当たる席に移動できます。他にもオフィスツールはなるべく木製のものを選び、植物も取り入れています。木材を基調としたオフィスは汚れてもそれが味になる良さもあります。

変わったところでは、サイネージに従業員同士が贈り合った最新のサンクスカードを流したり、新しく加わった従業員や業務委託のメンバー新入従業員の自己紹介を流したりしています。これはPHONE APPLI PEOPLEの自己開示のシステムと同様の狙いですね。中には変わったエピソードを書く人もいて、仕事の合間にこうした情報を見るのも楽しいでしょう。

従業員の声

本部長・エンジニア職：入社12年目

業務はコミュニケーションで成立している

私たちの会社がウェルビーイングの取り組みを始めてから、「なんでもコミュニケーションでできているんだな」と感じるようになりました。会議もコミュニケーションですし、そのためにつくる資料もコミュニケーション用のペーパーです。チャットもコミュニケーションのためにありますし、プロダクトを企画して開発していく過程にも、コミュニケーションは欠かせません。業務の大部分はコミュニケーションで成立しているのだと感じます。

さらにPHONE APPLI PEOPLEのプロフィール機能やサンクスカード機能で、相手がどんな人かを知ってコミュニケーションに活かしている人をよく見かけるようになりました。例えば会議が始まる前、参加者が集まる前に「プロフィールを見たんですけど、〇〇が好きなんですか？」と雑談が始まります。

■ 図38　サイネージ

その人たちは、業務の大部分はコミュニケーションで成立しているということ、さらにそのコミュニケーションにこそ価値があることをわかっているんだな、と思います。

コミュニケーションの価値は、フィードバックを得られることだと思います。自分が行ったことについて、誰かが話題に上げてくれたり、感謝してくれたり、称賛してくれたりする。あるいはどこかで自分の仕事が評判になっている。そうした反応を得られることで、働きがいを感じられますよね。

コミュニケーションは働きがいを増幅させるための手段だと思います。

事例紹介

ウェルビーイング経営のモデルケース

山口県萩市でエンジニア採用

私たちの会社は2020年に、山口県萩市にある「萩・明倫学舎」をサテライトオフィスとして、「萩明倫館アプリ開発センター」を開設しました。私たちはこの萩オフィスでも、ウェルビーイング経営を実践しています。

萩・明倫学舎は、長州藩の人材育成の中枢であり、吉田松陰、高杉晋作、木戸孝允など多くの偉人が志を立てたといわれる藩校明倫館の跡地に建てられた明倫小学校の旧校舎が用いられています。現在もその歴史が受け継がれ、次の時代を担う子どもたち、萩市を訪れる人々に「学び」のシンボルとして知られています。私たちの会社はオープン当初にその一教室を借りてオフィスとして使っていましたが、現在は三教室分のスペースに増床し

■ 図39　明倫館

ています。

萩市にサテライトオフィスを開設した背景には、人材獲得の課題があります。私たちの会社の事業成長には、エンジニアの数を確保する必要がありますが、エンジニア職の獲得競争は激しくなる一方ですし、その維持も大変になっています。地域でエンジニアを育成するモデルをつくれないか、ということで始めました。

萩オフィスでは、萩市の県立高校から求人します。エンジニアとして育成するには、これまで理系、大卒といった人材に対して年単位で座学や実地を行い数年かけて育成していましたが、萩オフィスのメンバーに対しては1年でエンジニアに育成します。

なぜそんなことができるのかといえば、ノーコードやローコードといった新しいテクノロジーが出てきたことがあります。これまで、新しいアプリをつくろうと思えば、1から10まで全部自分たちで開発しなければいけませんでした。それがセールスフォースやマイクロソフトといった企業の開発したシステムをベースにすれば、比較的簡単につくれるようになりました。感覚的には、7割くらい出来上がった状態からつくることができるイメージです。

つまり、アプリのつくり方をすべて勉強するのは難しいけれど、3割に集約すれば、専門知識のない人でも短期間でエンジニアになれるのではないか、という考え方です。

萩オフィス設立初年度の2020年には、6名が入社しました。するとその中の1人が、たった1年間でIT関連の難しい資格を取ってしまいました。それでセンター長に「彼は天才か、凡人か」と聞いたら、「凡人です。ただ頑張り屋で、やる気があります」と返ってきました。

頑張り屋でやる気さえあれば、1年で優秀なエンジニアになれる。そうしたメソッドが実証されたので、以降は新卒に加えて中途採用も増やして、現在は22名になっています。将来的には、40名くらいの規模にしようと考えています。

従業員の声

部長・人事職：入社4年目

自然と上の代が下の代を教える関係に

現在、萩オフィスにはマネージャーという立場の者が駐在していません。それゆえ現在は、萩で入社したメンバーがゼロから試行錯誤しながら、年齢が上のメンバーが、より若いメンバーを教えるという環境と文化をつくり上げてくれています。

いまはメンター・メンティーという制度をつくる会社も多いと思いますが、ここではそうしたつながり以上に、それぞれが萩における必要な行動を考え、状況に応じた役割を担ってくれています。誰がやり始めたわけでもなく、みんなでやり始めたのです。私は東京からときどき出張で行くだけですが、ときに、日本にある名だたる企業の方々にも自慢できるほどのチームワークや、組織全体を見据えた行動を見せてくれる萩の若いメンバーたちには驚かされてばかりです。

■ 図40　はぎなび

萩市
3月1日試行スタート！
「市民の皆さまとの総合行政ツール」ができました！
迅速かつ適切な広報広聴の充実に向けて、
スマートフォンを活用し、市民の皆さまと双方向で
情報連絡（危険箇所等の通報・応答）が可能となる
アプリケーション（LINEのトーク機能活用）を構築しました。
4月からの本格運用に向けて、
3月1日から試行運用を開始します。
道路の不具合
2月18日現在の画像イメージです。
今後、変更となる場合があります。
道路の不具合を発見！
試行運用する機能
道路施設に関する不具合の通知機能
（道路の陥没やガードレールの破損など）
※その他の公共施設の不具合の通報機能は4月から追加（予定）
❶メニューから「萩市に通報」を選択します。
❷「LINEでこのまま通報する」を選択します。
❸カテゴリーを選択します。
❹詳しい通報内容を選択します。
❺状況や、写真、位置情報を入力して完了。
※初回のみ認証を求められますので注意事項をご確認のうえ「許可をする」をタップしてください。
こちらのQRコードを読み取り、『友だち追加』をしてください
お友だち登録手順
1）注意事項をご確認のうえ、「許可をする」をタップ
2「友だち追加」をタップ
3）情報を登録して「保存」をタップ
友だち募集！
お問い合わせ先　秘書広報課　☎25-3178

「働きたい企業」ナンバー1に

萩オフィスのメンバーが開発したものの一つが、「はぎなび」です（図40）。萩市民と市役所をつなぐインターフェースとして、セールスフォースとＬＩＮＥを連携するアプリをつくりました。萩市から、スマートフォンで市役所とコミュニケーションがとれるアプリの要望があり、幅広い世代に利用されているＬＩＮＥを使って実現できる手段を、と開発したものです。

最初にリリースしたのは、道路の不具合の通知機能です。萩市には、合計１４００キロメートルの道路があります。それを25名の市役所土木課の人たちがメンテナンスしているそうですが、どれだけ頑張っても、１４００キロメートルすべてをチェックするのは難しい。そこで市民と協力して、萩市のインフラを守っていこうというコンセプトにしました。道路の陥没などを見つけた市民が、スマホで撮影した画像をＬＩＮＥで送る。すると、土木課に通知され、修繕しに行くことができる仕組みです。

現在では新型コロナのワクチン接種や防災など、市民への情報配信をはじめ、さまざまなコミュニケーションを図るツールとしての活用が始まっています。

こうした動きもあり、萩市での私たちの会社の認知度は上がっています。また、首都圏と萩で地理上の理由による給与の差はありません。また、萩市役所のみなさんが、「地元に新しい産業を定着させて人口減に歯止めをかけたい」という強い思いで、認知向上を含めたさまざまな応援をしてくださっています。

そうしたこともあり、私たちの会社が参加する就職説明会では、私たちの話を聞きに来てくれる生徒の数はいつもトップクラスです。それまでは、大手メーカーの工場などが人気だったそうです。地方に新しい雇用を生むことができたのも、この取り組みの大きな成果だと考えています。

仕事と人生を重ねる

地方が東京の企業を迎えるのには、いくつかのパターンがあります。

一つは企業が安い労働力を求めるケース。一時期は地方にコンタクトセンターやコールセンターをつくることが流行っていましたが、より安い労働力を求める企業は結局、海外に行ってしまう。萩市もそうして一度はオフィスを構えた企業がいなくなってしまう時代があったそうです。

二つ目は「ワーケーション」といわれるパターン。東京の人が一時的に地方暮らしをしながら働くといったものです。

私たちはそのどちらでもなく、萩に住む人の待遇を東京と同じレベルに育てたいと考えています。萩はとても良い環境なので、これからは東京の従業員が萩で働けるようにもしていきたいと考えています。

初めて萩市を訪れたとき、萩で生まれ育った若い人たちが絆を大切にしており、成長意欲があること、そして何より地元を愛していることが印象的でした。絆と成長意欲は、地方創生の重要な鍵です。なぜなら、人は絆と成長意欲があれば、ウェルビーイングな状態になりやすいからです。

特に地方では、自分の人生と働く場所がより強く一体化しています。そういう意味で、萩オフィスの取り組みは、ウェルビーイング経営のモデルケースになるのではないかと考えています。地元で長く働いてもらえる優秀な若者を獲得して、周りからも応援してもらう活動をしていきます。

将来のビジョンとしては、私たちの会社だけではなく、さまざまなＩＴ企業と萩市コミュニティを形成したいと考えています。そのコミュニティを通して、幸せに働き、豊かに生きる循環をつくる。そうして萩市をＩＴ産業が盛んな、世界に誇れる地にすることを目指しています。

従業員の声　　**部長・人事職：入社４年目**

自分の親や祖父母を元気にさせる取り組み

実際に萩に来て思うのは、年齢層が高い人も若い人も、みなさん人口減少をすごく意識しているということです。「いまの人口はどれくらいだっけ」「どれくらいのペースで減ってるのか」といった会話もよく聞きますし、「市長はこんなことをやってくれている」あるいは「隣の市はこんなことをやっているけど、萩は一体何をしているんだ」といった声も聞こえてきます。人口がどんどん減っていき、若い世代は東京や福岡に出ていきます。

そんな中で、地元を愛する人たちが、萩をより多くの人たちが集まる場所にしたいと頑張っている。そうした活力が印象的でした。

地元の人たちが頑張る中で、私たちの会社の取り組みはすごく意義のあることだと感じます。地方を元気にするという意味でもそうですが、もっと個人的な部分でも。萩オフィスのメンバーにとっては、自分が地元で働くことで、自分の家族や友人をはじめとした、この土地でともに暮らす人たちと明るい未来を共有できる。そんな取り組みなんだろうなと思います。

おわりに

石原洋介（代表取締役社長）

ウェルビーイングという言葉をさまざまな場面で目にするようになりましたが、私はウェルビーイング経営を多くの企業に役立ててほしいと思い、本書を執筆しました。しかしながら、ウェルビーイング経営が果たして本当に経営として成り立つものなのか、合理性のないスピリチュアルな概念なのではないか、と疑問や不安を持っている方も多いでしょう。残念なことに、グローバルレベルで見たとき、日本のウェルビーイング経営は非常に遅れをとっていると言わざるを得ません。ですが、本書を通じて、日本でもウェルビーイング経営に取り組む企業が増え、イノベーションを生み出す社会へと進んでいくことを願っています。

さて、前著はありがたいことに多くの反響をいただき、オフィスツアーへ来てくださった方は、２５００社（５０００名）となりました。PHONE APPLIに共感してくださる心強い言葉もたくさんいただきました。「自社を、より世の中に価値を提供し、貢献できる企業にしたい」と思ったとき、従業員一人ひとりのウェルビーイングが必要不可欠であることは、想像がつくのではないでしょうか。ただその一方で、ウェルビーイングという言葉、さらにそこに経営というキーワードが付け加わった途端、具体的にどうすればよいかわからなくなる、という声をよく伺います。

前著と比べ、今回はより実践的かつ実体験に基づいて書かれた内容になっているため、参考にしていただきやすいのではないかと思います。特に、ハイブリッドな働き方における1on1のメソッド、ウェルビーイングを軸とした分析など、その他にもPHONE APPLIが工夫して実践しているコミュニケーション施策を重点的に解説しています。その理由として、私たちPHONE APPLIはコミュニケーションに重きを置いたサービスを展開していますが、そこからウェルビーイングとコミュニケーションの関係の強さが見えてきたからです。ウェルビーイングな会社を目指すなら、なんとなく働き方改革や健康増進施策などに取り組むのではなく、まずは、社内のコミュニケーション状態を見直すことから、もっと具体的に言うとまずは自身の自己開示からスタートしてほしいのです。

日本企業の特徴として、社外への自己開示には積極的な一方で、社内への自己開示が消極的で懸念される風潮があると感じています。例えば、お客様とは仕事の合間にプライベートなことも積極的に話して距離を縮めたり、Facebookには経歴や近況を投稿して共有したりしているでしょう。ですが、その一方で、社内に対しては何を自己開示すればいいのかわからなかったり、そもそも1on1などが苦痛な時間になっていたりする経験はないでしょうか。また、社内で積極的にコミュニケーションをとれていると思っていても、部下や同僚など半径2メートル以内に留まる場合が多く、他部署のメンバーなど半径10メートルを超える距離間で自己開示を滞りなく行えている場合は少ないのではないでしょうか。前回の本を書いてから2年、私自身も自己開示をするように心がけたところ、従業員から気軽に話しかけられる回数が増えたり、私自身が従業員に話しかけやすくなったりしていることを、身をもって感じています。その結果、心理的安全性が高い職場になり、経営者として組織の強みや課題にいち早く気付くようになったと思います。

ウェルビーイング経営は、非常に感度の高い企業がチャレンジするような先進的な経営手法に捉えられがちですが、私は非常に身近に感じています。例えば最近だと、スタッフやシェフが楽しそうに料理をつくってくれているレストランに行く機会が多いことに気が付きました。お店に足を踏み入れた瞬間から五感で感じる心地良さは、店内に行き交う言葉や、こだわりの空間、スタッフやシェフの意気込みなど、挙げるときりがないですが、そういうレストランで食べる料理というのは得てして美味しいものです。レストランを例にしましたが、これを自分たちに置き換えると、従業員が楽しく働くことは改めて大事だと気付きました。幸せな社員が多ければ多いほど、いいサービスが生まれるのです。

同じユニフォームを横並びで着ていれば安心できた時代から、未来への期待感と希望感は自分たち自身で創り出すしかない時代に移り変わり、私たちはウェルビーイング経営を日本で推し進めるリーディング・ウェルビーイングカンパニーになりたいと改めて思いました。私たちはウェルビーイング経営で、多くの企業とその社員の幸せ、さらにその先にいるお客様の幸せを実現し、世の中に大きなインパクトを与えていきたいと思っています。そして、すべての企業がウェルビーイングなメンバーで形づくられることを願っています。

最後に、私をいつもサポートしてくれる従業員のみんな、本当にありがとう。PHONE APPLIを常日頃から支えてくださっているすべてのパートナー様、お客様にも深く感謝申し上げます。また、本書の作成にあたって協力していただいた、前野隆司先生、前野マドカさんご夫妻、パナソニックコネクト株式会社樋口泰行さん、株式会社リコー長久良子さん、ＮＴＴデータ経営研究所植田順さん、ＳＰ総研民岡良さん、アマレリコ株式会社松石秀隆さん、窪田大介さん、高橋慎介さん、その他ご協力いただいたみなさまありがとうございます。この場を借りて厚く御礼申し上げます。

本書を執筆するにあたって、辛抱強くお付き合いいただき、まとめあげてくださった編集者の土屋友香理さん、久保木勇耶さんに心から感謝しています。また、同社の尾崎史洋さんが情熱を持って常に支援してくれたことにも御礼を言いたいと思います。ありがとうございます。

そして、何より最後まで読んでくださった読者のみなさまに御礼申し上げます。本当にありがとうございました。

中川紘司（取締役副社長／営業統括）

ウェルビーイング経営を始めたとき、果たしてこれでうまくいくのか、経営が傾くのではないか……と危機感を感じたことを今でも覚えています。あれから5年、結果としてウェルビーイングにこだわりながらも業績を右肩上がりに伸ばすことができ、さらにはこだわることで競合優位性を保つことができています。

ウェルビーイングな企業と、そうではない企業。どちらが靭い（つよい）かは明白です。個人も組織も靭い状態が出来上がった今、無理してでもあのとき決断してよかったと思っています。私と同じ営業マネージャーの方、数字が落ちるのではと心配になるかもしれませんが、どうぞ安心してください。

岩田泉（取締役／エンジニアリング&オペレーション統括）

ウェルビーイング経営への近道があればいいのですが、正直なところ、構造化し組織内で実運用するのは簡単ではなく、私たちも試行錯誤を日々続けています。それにもかかわらず、なぜ私がこの経営手法にこだわるかというと、ウェルビーイング経営が熱いプロダクトを生み出す一丁目一番地だからです。

ただ言われたものだけをつくり、エンジニアがどんどん疲弊していく悪循環は、いずれプロダクトにも影響が出てきます。エンジニア自身が頭をフル回転させて、愛情や実体験を詰め込むと、使い手にもその熱が届く「生きたプロダクト」が生み出されます。経営に携わっている立場として、そのサイクルが繰り返されることで組織が発展・進化していることを嬉しく思っています。

半澤直樹（執行役員／CHRO）

ウェルビーイングであるかないか、自分がどちらでありたいかと考えると、もちろんウェルビーイングでありたいと思います。そして、すべての人がウェルビーイングであってほしいと、心から思います。現在の日本は元気がないといわれています。私も、そう感じます。生産性が低いともいわれています。現在の日本なら、そうでしょうと思います。自己研鑽をする人が少ないといわれています。とてももったいないことだと思います。これらは、未来に対する熱意や労働に対する熱意が弱くなっていることの表れであると思います。そして、人や社会に対する熱意が弱くなっていることでもあると感じます。もし、一人ひとりが個性を活かしながら自分の可能性を最大限発揮して仲間と一緒に生き生きとしているなら、素晴らしい世界になると思います。私は、そのために、ウェルビーイングが確実に必要な要素であると考えています。私たちの会社の体験が、みなさんのウェルビーイングの一助になることができたら幸いです。

藤田友佳子（ウェルビーイング経営推進部部長）

社内へはもちろん、お客様にも、「ウェルビーイング経営にゴールはない。ウェルビーイング経営への道をともに歩み、ともに成長し続けていきましょう」と日々お話ししています。本書に書いてあることが、必ずしもすべての会社にとっての最適解ではありません。この本を手に取ってくださった方にとって、私たちの会社での実践がヒントになったり、そのエッセンスを利用してウェルビーイング経営への一歩を踏み出していただけるきっかけになったりすれば嬉しいです。

本書で伝えきれていない部分も多々あります。この本を読んでくださったみなさまとぜひ一緒にウェルビーイング経営について対話したり、コミュニティの輪を広げながら、関わるすべてのみなさまと一緒にウェルビーイング経営を深化させていきたいと思っています。

川嶋庸介（マーケティング企画本部本部長）

ウェルビーイング経営に方向転換したことで、まず私自身がこの会社で働けてよかったなと感じる機会が増えました。そして、組織の空気も良くなったと感じています。数字として見える形でもメンバーのモチベーションが上がり、自分で考え、チャレンジしてくれるようになりました。

呼応するように実績も着実に伸びていますし、それ以上に楽しそうだったり、やりがいを見つけてくれたり、成長を感じてもらうことができて嬉しい気持ちになります。

どうして今の状態になれたかというと、ウェルビーイング経営を進めるということを会社として決意し、目指すことを従業員に向けて宣言したことが大きかったと私は考えています。旗振り役が本気で取り組む、変わっていく姿を見せることで、メンバーも良い状態にするためには何ができるかを真剣に考える。結果的に良い循環を生み出すことにつながる。

すべての企業がウェルビーイングな企業になることができれば日本の社会も変わると信じていますし、そんな世界に少しでも貢献できるように、みなさんとウェルビーイングの輪を広げていけると嬉しいです。

朱本楽音（広報部）

大学で看護学を専攻していた私にとって「ウェルビーイング」という言葉は、教科書のいちばん最初に載っているくらい身近な言葉でした。病院では医師が病気を治すプロだとすると、看護師は患者の心身の健康を促し、ウェルビーイングな状態を支援するプロです。その看護師が、病院の外でウェルビーイングな状態を支援したらどうなる？　世の中のウェルビーイングな状態を創り出すきっかけになれる？　そんな想いで、PHONE APPLIに就職したのを今でも覚えています。

新卒2年目の私が就職活動をしていた当時、ウェルビーイングを意識した取り組みをしている企業は少なく（ほとんどなかった、というほうが正しいかもしれません）、昨今ウェルビーイングに取り組む企業が増えていることを非常に嬉しく思っています。「企業のウェルビーイングの在り方」に明確な答えを持っているわけではありませんが、私自身がいきいきと働けていることもひとつの解だと感じています。今回このような形で私たちの取り組みを広めることができたことで、さらに多くの企業がウェルビーイングに取り組むことにつながればと願っています。

■ 図41　座談会の様子

読者特典

Well-being Company Survey（WCS）の資料

第３章でご紹介したWCSに関する詳しい資料をこちらのコードまたはURLより無償でダウンロードしていただけます。
ぜひご活用ください。

https://go.phoneappli.net/l/278652/2023-11-27/r5qkf

※読者特典は予告なく終了する場合がございます。

リモートワークが普及していても出社したくなるオフィス

フリーアドレスなので毎日好きなエリアで働くことができる

顔を合わせることで信頼関係が強くなる

キャンピングテントの中でも会議ができる

山口県萩市の明倫館内にあるサテライトオフィス

萩藩校跡に建つ木造校舎を活かした趣ある会議室

［著者］
株式会社PHONE APPLI 出版プロジェクトチーム
株式会社PHONE APPLIは、組織を強くするコミュニケーションポータル「PHONE APPLI PEOPLE」をはじめとしたクラウドサービス等を提供する傍ら、2018年より健康経営を推進。従業員一人ひとりの心身の健康のためには良質なコミュニケーションが重要だとし、すべての企業をウェルビーイング・カンパニーにアップグレードすることを目指して、イベントやワークショップの開催、1on1ミーティングや感謝を贈りあうアプリの開発、「CaMP（キャンプ）」と名付けた従業員のパフォーマンスを最大化するオフィスの開設など、さまざまな施策を実行。これらの活動をより高次元なものにするため、2019年7月より「ウェルビーイング」を中心に据えた会社経営である「ウェルビーング経営」を行う。これまでの取り組みを書籍化するにあたり、出版プロジェクトチームを結成。

チームメンバー：
石原洋介、中川紘司、岩田泉、半澤直樹、藤田友佳子、川嶋庸介、朱本楽音

最強《さいきょう》の組織《そしき》は幸《しあわ》せな社員《しゃいん》がつくる
――ウェルビーイング経営《けいえい》のすすめ

2023年12月21日　初版発行
2024年4月11日　第2刷発行

著　者　株式会社PHONE APPLI 出版プロジェクトチーム

発行者　小早川幸一郎

発　行　株式会社クロスメディア・パブリッシング
〒151-0051 東京都渋谷区千駄ヶ谷4-20-3 東栄神宮外苑ビル
https://www.cm-publishing.co.jp
◎本の内容に関するお問い合わせ先：TEL（03）5413-3140／FAX（03）5413-3141

発　売　株式会社インプレス
〒101-0051 東京都千代田区神田神保町一丁目105番地
◎乱丁本・落丁本などのお問い合わせ先：FAX（03）6837-5023
service@impress.co.jp
※古書店で購入されたものについてはお取り替えできません

印刷・製本　株式会社シナノ

ISBN978-4-295-40916-8　C2034